JN205666

# 神武一道の精神

## 父祖、佐々木將人からの伝聞

佐々木望鳳馨

明治天皇御製　庭訓　明治四十年

たらちねの　庭の教えは　せまけれど
ひろき世にたつ　もとゐとぞなる

親の小言と冷酒は
あとからじんわり効いてくる

親の意見と茄子の花は
千に一つの無駄はない

# まえがき

時は、平成の御世より令和の時代へ

その中で、昭和一桁生まれの両親に育てられた私にとって、親から教えてもらったことや学んだことを書きとめ、幅広い方々へ伝えていくことも使命の一端と思い、書き下ろした山蔭神道の月刊誌に投稿したものを書き改めたものを加え、一冊にまとめました。

父・将人（まさんど）と義兄弟の盃を交わし、私が学生時代より色々お世話になり、このような機会をいただきました、綾光時君が代先生に深謝します。

令和元年六月吉日

佐々木望鳳馨（のぶよし）

## 推薦文

与えた恩は水に流し　受けた恩は石にきざむ

さされ石　巖となりて　こけの武産まで

『雷風恒』天地が永遠に栄えること

佐々木宮司様は故佐々木將人大兄の秘蔵子にて

生まれながらに神明（少名　彦大神）の直霊（なおひ）を宿す益良雄（ますらお）なり。

令和元年今中

弘観道四十七代当主

白峰　聖鵬　拝

三匹の侍、国体護持特務機関
風間先生、白峰親方様、佐々木将人神明塾長

令和元年　天赦日神事　宗源　富士山　鳥居

山蔭神道齋宮　神明尊　佐々木望鳳馨（のぶよし）

# 神武一道の精神

## 父祖、佐々木將人からの伝聞　――目次――

第一章　神武一道



第二章　お祓い・神事

## 第三章　家屋各所の謂れ

## 第四章　父・將人からの伝聞

## 山蔭神道のこと

山蔭神道は、古神道の中でも、伝承神道に位置づけられると言われており、「器伝、記伝、口伝、行伝、心伝」があります。

古来この秘伝には、「内伝、外伝」があり、内伝は、高皇産霊神より伝えられ、それが伊邪那伎命から天照大御神、そして代々の天皇に伝えられたとされていいます。

外伝は、神皇霊神より少彦名命を経たものと須佐之命を経たものが合流して、大己貴命に伝えられたということです。

内伝…宇宙生命の哲理、霊魂組織の法理
　人生の根本哲理

外伝…国土経綸の大道、幽冥界秘事を継承
　天文・地理・人倫・農耕・殖産・祭

## 祀・祈祷・禁厭・治病・医薬・醸造等の法

山蔭神道の元祖は、阿知使主とされています。

後漢孝霊帝の末裔に当たる叡知王（日本名阿知使主）が、応神天皇の御代、大陸から部族約三千人と共に渡来し、約一六〇〇年前に日本に帰化し高市郡（明日香村）を賜りました。

そして、大陸の様々な進んだ技術、文化を伝え、日本に多大なる貢献をし、後世、その秘法を『内外百巻』に収録し、嵯峨天皇の御代に三十巻に再編して、『御錦袋秘録』と称したとの伝えがありますが、幕末期に焼失したとされています。

阿知使主は、その居城跡である延喜式々内社で、奈良県高市郡大字檜前村（現明日香村）鎮座の於美阿志神社の祭神や、倉敷市内の阿智神社の祭神としても祭られています。

山蔭神道は、遠く神代の昔、天照大御神より直授を賜った天児屋命より伝えられた「神事宗源（しんじそうげん）」の太古神道が、鎌足を経て、大中臣氏（おおなかとみうじ）や卜部氏（うらべうじ）に伝わったものが伝承されています。

幕末に、山蔭神道家の祖である正二位神祇大副（しょうにいじんぎたいふ）・萩原員幹卿の嫡男員衡（かずひら）が、光格（こうかく）天皇の聖旨（せいし）を受け、従三位中納言藤原山蔭（ふじわらのやまかげ）卿が伝えた古伝の中臣神道を復興、統合し、体系づけて、山蔭神道としました。

これを光格天皇の皇子、正三位左中将中山忠伊（ただこれ）卿に伝えたものが、明治維新回天（かいてん）の大祈願法として厳修され、その神法は、嫡男中山忠英卿に譲られ、それを中山忠徳卿が継ぎました。

皇室を陰でお守りする山蔭神道は、昭和二〇年代後半よりその猶子山蔭基央（もとひさ）太主（たいしゅ）と共に、一般信者も募り、八十一代として嫡男仁嘉（ひとよし）管長が継承し、現在に至っています。

思想の根本には、天地創生観、宇宙観、霊魂観である「一霊四魂」の哲理、大神呪「アジマリカン」があります。

# 私の生い立ち　ともども

## 〈学生時代〉

現在、古神道山蔭神道上福岡斎宮（やまかげしんとうかみふくおかさいぐう）の宮司をしております。山蔭神道は、二千年続く皇室の弥栄を、宮中の陰でお守りした、由緒ある神道です。

また亡父が、開祖植芝盛平（うえしばもりへい）翁とのご縁により、合氣道師範となり、私もそれを引き継ぎ青少年の指導もしております。

私は、小学校卒業後当時、上福岡市内の中学校が校内暴力で荒れていたこともあり、孟子の「孟母三遷（もうぼさんせん）」の故事から、父の強い意向で川越に家を借りて一人で生活し、そちらの中学校に通いました。

その後、父は「男の子が生まれたら伊勢の皇學館（こうがっかん）に行かせる」と決めていたので、有無を言わさず、遠い伊勢の地で高校・大学・大学院と計九年間を過ごすことになりました。

十五歳で親元から遠く離れての生活は、始めはとても寂しいものでしたが、成長するに従い、次第に家族や親に対して感謝の心が深まりました。

また、お伊勢さんのお膝元、五十鈴川のほとりにほど近い皇學館大學で学べたことは、今となってはとても貴重で、伊勢が第二の故郷になりました。

高校二年生からは、歴史学者で東京大学元教授の文学博士・故平泉澄（ひらいずみきよし）先生が始められた千早鍛錬会に参加し、吉田松陰先生、橋本左内先生を始め、学校では教えない内容を学び、南朝の「後醍醐天皇」や「建武中興（けんむのちゅうこう）」の意義など、色々な話を各界の著名な先生からお聞きました。

唱歌や軍歌などを声高らかに手拍子（てびょうし）で歌ったことは新鮮で、充実した経験でした。会には、今でも班長として毎年参加しております。

大学の一、二年生は寮に入り、規律正しく厳しい中にも、楽しい寮生活を送りました。

三、四年生のときには、同大学教授で古代史の文学博士・故田中卓先生のご自宅の離れで、「青々塾（せいせいじゅく）」という塾に参加しながら、数人の塾生と生活し、書生として学びました。

そこでは、朝の拝礼の後、先生の恩師・平泉澄先生の著作を拝読し、国内情勢や国際情勢をまとめたり、その日あった出来事を、旧かなづかいで苦労しながら書いたこともございました。

また、時には先生の講演会に同行してお手伝いしたり、先生のご指導の元、「輪講」といって孟子の原文や吉田松陰先生の「孔孟箚記」を読み、その後、「孟子の立場と松陰先生の立場、そして、日本人として」や、「現代社会にはどう置き変えて考えられるか」などの意見交換をすることもありました。

私にとっては、大変有意義な学生生活でした。

さらに卒業間際に、前々回の式年遷宮で外宮でご奉仕できましたことは、学生時代の良き思い出の一つであります。

### 〈就　職〉

大学院修了後は、お国のために命を捧げた英霊を祭る、靖國神社に奉職しました。そこでは、参拝におみえになるご遺族の方々より、直接色々なお話を承り、ご祭神となられた方のご家族としての誇りと絆、またその後の苦労話などをお聞きしました。

特に、涙ながらのご参拝は、靖國神社だけであろうかと思います。

ご参拝者の中には、「本殿で『お父さん！』と呼んでいいですか？」と咽びながらおたずねになる方もあり、ご案内している私も思わず涙ぐんだことがございました。

ご英霊が今日の平和な日本の礎を築いてこられたお陰で、現在の自分があることを、本当に実感させられました。

また、慰霊でインドネシアを訪れたこともありました。そこは、「空の神兵」なる歌が生まれたほど、日本の落下傘部隊が勇猛果敢に戦った場所であります。日本の方が現地の方と結婚されて永住し、慰霊碑を建立して英霊の御魂をお慰めしている姿は、とても感動的でございました。

その他にも、シベリアでの遺骨収集のため、厚生省の方々や遺族・戦友の方々に同行させていただいたこともございました。厳寒の異国の地で、望郷の念の中、強制就労をさせられて無念の死を遂げた方々の遺骨収集では、同行の遺族・戦友の方々からの筆舌に尽くせぬ氣持ちが伝わってまいりました。

このように、靖國神社では様々な経験を通じて、大変学ばせていただきました。

## 〈母の死〉

前後いたしますが、靖國入社一年目の二十五歳のときに、母が六十三歳で亡くなりました。当時、東京の寮で生活しておりましたから、これからは母と一緒に暮らせると思った矢先のことで、翌年生まれた姉の子である初孫を見ずに亡くなったことも残念でした。

白血病で亡くなる一ヶ月前には面会謝絶になって、色々と大変でした。

死というものは、誰しも遅かれ早かれ経験しますし、人は必ず死ぬことはわかっていますが、自分から近い者ほど大きい人ごころが湧くものです。母の死は、私にとって、とても悲しい出来事でした。

葬儀では手伝いがおりましたが、私が祭官をしましたので、悲しんでいる暇がないくらい、目まぐるしいものでございました。

その際には多くの励ましのお言葉を戴き、非常に元氣づけられ、また、皆さんに生かされていることに身をもって気付いて、心から感謝できるようになりました。

それは、経験して初めてわかることであり、自分がその立場にない平和なときには、ためになる話をいくら聞いていても「馬耳東風」になってしまうのだと、つくづく思いました。


何年か後に、薬師寺の高田好胤老師のCDに入っている、偉大な母の愛を説いた「父母恩重経(ぶもおんじゅうきょう)」の一説で、「親孝行と火の用心は、灰になる前に!」を聞き、ようやくほっとして笑えるようになったことを、よく覚えております。

## 〈上福岡斎宮での修行〉

そして六年後、父が年をとったということもあり、多忙を極めた日々の中で靖國神社を退職し、実家の古神道山蔭神道の斎宮に入ることになりました。退職直後、家に入る前に父の意向により、父も修行した「一九会(いちくかい)」で修行させていただきました。

幕末の武士・山岡鉄舟は、井上正鐵(いのうえまさがね)を祖とする、禊(みそぎ)教という呼吸修練の禊行を、教祖から踏襲して修めました。

「一九会」とは、その山岡鉄舟を弟子達が慕い忍び、皆で集まる会です。ご命日が十九日であることから、「一九会」と命名されました。

鈴の音に合わせて大きな声を三日間出し続け、先輩が後から素手で肩を叩き喝を入れるという、知る人ぞ知る天下の荒行の精神修行道場として、今日(こんにち)まで続いております。

その後、山蔭神道本部のお宮で百日行をし、秘法を学びながら瞑想・断食・行脚托鉢・水行滝行など様々な行道をし、現在に至っております。

## 〈修行者の指導〉

私が家に戻って間もなく、父が色々な事情から、「修行」と題して三ヶ月毎に数人を預かることになりました。

一番最後に来た子だけは、高校生だったこともあり、私の一人目の子が生まれる直前から三年間預かりました。社会に出て壁にぶつかったときなど、何かしらの支えになったら幸いかと思いました。

彼らを直接指導するのは、私の担当でした。

その「修行」では、父の「顔を洗う者は多けれど、心を洗う者少なし」「掃除は、心の掃除と思え！」との教えから、毎日毎日、掃除三昧でした。

よく、子育ては根気が必要といわれます。

皆様には考えられないかもしれませんが、しばらくの間、朝、一人で起きられないので毎日私が起こした子もいましたし、朝ご飯をそれまで食べたことがないという子もいて、驚いたこともありました。

また、あまり本を読んだことがない子に読み聞かせたり、「嘘は言わない」「靴を揃える」など基本的なことから始まり、父の講演会・合氣道の稽古・神社の手伝いや、会合・墓参りまでも同行させ、家族同様の生活をしました。

ある子には卒業記念に、「物の有り難みを知る良い機会だ」と、日本橋から実家の出雲まで徒歩で歩かせました。その結果、その根性が評価されて就職に至りました。

また、その話に感動して出雲まで飛行機で行って彼を探し、暫らく一緒に歩いた方もおられました。

皆とはそれぞれ真剣に付き合い、時には叱り、真摯に向き合いました。

前述した「一九会」の荒行を終えた瞬間、泣き笑いして抱き合って喜んだことも、良い思い出です。

今でも何かの機会には、皆、親戚以上に手伝ってくれたり、力になってくれます。

「過去や他人は変えられないが、学ぶことによって、未来と自分は変えられる」といいますが、自分の子供を持ったことにより、子育てにそれらの経験が活かされ、今考えると、逆に私にとっての一番の「修行」になったといえます。

古歌に「欲深き　人の心と降る雪は　積もりに積もって　道を忘るる」とありますように、目先の欲に目がくらんでしまうことがよくあります。

神道は、「祈り」の心が「稔り」に通ずるといいます。

武道は、型にとらわれることなく、品性の向上を目指すもので、その極意は「姿勢」と「間合」であります。氷山の一角のように、見えている部分よりも見えない部分の方が大きく重要です。

「形より心」であり、精神あっての形式が大切であるという根本原理は、全てに亘って一緒なのだと先人より学ばせていただきました。

〈父の死〉

生老病死は世の常と申しますが、前述した通り平成七年に母が他界、平成二十五年に父が他界しました。そして、それらの死から数多くのことを学ぶことができました。

例えば、神道では、五十日祭というのが一番最初の喪が明ける日数で、五十日間は神殿の御簾を閉め、献饌をせず、鳥居も通らず、只ひたすら喪に服すことであることを学びました。

また、山蔭神道の本部から、「お父さんは思ったよりも霊層が上がられていない」というご指摘を受け、はっとしました。

そして、知らず識らずの内に、私の思いが、五十日祭以降も父の足を引っ張っていることに氣づき、只ひたすらに慰霊顕彰することが、生きている者の使命であることも教えられました。

本書が親の供養にもなれば幸いです。

白峰先生から贈呈の父の位牌

藤田昭市氏撮影

# 第一章　神武一道

株式会社タッチ 江橋洋氏の祭典

父・將人が、「神武一道」をＤＶＤのタイトルにした背景には、山蔭基央先生の「神道即ち兵道なり　兵道即ち国家経綸の大道なり」という言葉の深い意味合いがあります。

## 神明塾とは

神明塾は、父が長年の自己の修練を活かせるように、平成三年、心身修練道場として、それまでの自宅兼斎宮を新築し、埼玉県の上福岡に建設した道場です。

### 第一節　道場でのみそぎと掃除、名称の意味

みそぎは、自分の身を濯ぐ「身すすぎ」から来ており、それがみそぎになったと一般的にいわれております。

水行などが中心ですが、その最たることが、整理整頓であり掃除であります。

故に、我が道場では、掃除が基本です。

まず、箒（ほうき）で掃きますが、その掃き方は箒の毛先を意識することが重要であり、当然、畳の目に沿って掃きます。

掃き清めは、修行である以上、心構えや鍛練的要素を考えながら行い、それが自然と身に付いていかねば意味がありません。

単に綺麗にするだけならば、掃除機の方が良いでしょうが、それとは目的が違います。

雑巾の絞り方は、剣の構えと一緒で、右前で小指を意識して締めます。

また、拭き方は、肩幅より広く足を広げて、畳に一の字を書くようにしますが、あまり力を入れすぎず、肚（はら）を意識します。

そして、雑巾になりきることです。

これは、武道にも通じますが、雑巾と一体になることで、汚い・キツイ・臭いなどの消極的な思考を取り除き、禅などの「空」の思想に至ることが肝要です。

禅宗のいわゆる作務（さむ）等では、庭の草花を生かすための雑草抜きも、「他の草花を生かすためにお前を抜くのであるから、成仏してください」と感謝供養の念を持って、雑草に話しかけながら行え、と先輩から指導いただきました。

また、喋ることなく、その作業を通じて雑念を無にし、一生懸命にそれをすることにより心を洗い清めるのだ、とも教わりました。

他にも、「居候、四角い部屋を丸く掃き」の歌がありますが、忙しいときなどは、その歌とは逆に、四隅のみ掃くだけでとても綺麗になることも知りました。

掃除の仕方で、その人に能力があるか否かを判断する学校があると聞いたことがあります。

結局、段取りができる人間か、後始末ができる人間か、などが掃除の仕方に表れてしまうのでしょう。だから、就職試験に掃除をさせて、その人の能力を見極める企業もあると聞きます。

道場の便所には、お便り所と書いてあります。それは、便通の善し悪しで、体調が便りの如く良くわかるからです。

玄関は、「玄人が出入る関所」の意味からきているのでしょうか。「如何でもいい人間は勝手に入れ」の意味の勝手口もありますが、玄関は昔から厳格な場所であり、その家の思想や趣味などが、第一印象で見え隠れする場所でもあります。

大きな屋敷などでは、玄関は主人だけが使い、それ以外の家族は専用の通口などを設けている場合もあります。

昔は、高級料亭や貴族社会では、客を迎えるにあたって打ち水をしたり、その客が好む御香を炊いてまごころで出迎えたものでした。そこには、感情を表に出さない日本人の良さがありました。

また、客もその香りに気がつき、その家のもてなしを称えることで、会話が弾んだそうです。

そのようなご家庭で育った方からは、御香の香りでどなたがみえるかがわかった、と伺ったことがございます。

我が道場の玄関には、「脚下照顧」とあり、これは禅宗の言葉で、日々の暮らしの足元を照らし見るべきであるという戒めです。だからこそ、道元禅師は「履物を揃えると心も揃う」と言ったのでしょう。

合氣道の少年部では、履物を揃えることを徹底させています。それは、子供の美意識向上にも役に立つと思っています。

玄関の履物が揃っていないとなんだか落ち着かない、という心が養われていくと、良い物を見れば、自然と素直に評価できる人間に育っていくのではないかと思います。揃っていないのが当たり前、別に氣にならない、などの心からは、美意識が薄れていくのではないでしょうか。

今は昔と違って、あまり物を修繕したりお下がりを着たりすることがありません。すぐ買い替えてしまうのも致し方ないことですが、子供の教育にはいささか良くない傾向にあります。

例えば、昔は他人の家のガラスを割ったら「コラッ！」と叱られました。

今は子供の方も「弁償すればいいんだ」と考え、打算的なものの見方になりすぎていて、教育的な問題もあるのが現状ではないでしょうか。
昔は、人の中に物がある状態、つまり物が少なかったので、自ずと物を大切にする心が芽生えました。今は物の中に人がいる、すなわち物が溢れかえっているので、物を大切にする気持ちが稀薄になっています。

また、昔は物を大事にせねばならない時代でしたが、子供の人格形成においては物より教育を重要視しました。

それは、「物」を大切に扱う氣持ちはもとより、良い物を見て良いと感じる見識を育てることにもつながりました。

蛇足ではありますが、靴の踵(かかと)が極端に減る方は、身体の不調があるか、歩き方がだらしないことから横着な場合が多いのでご注意を。

## 第二節　洗　心

子供のときに、洗面所に「顔を洗う者多けれど　心を洗う者　少なし」と父の書体で書いてあったことをよく覚えています。

禅宗に、「歩々日々道場」という言葉がありますが、日常こそ修行の場であり、道場に行かなくても、生活そのものが全て修行であると考えなければなりません。

修行は、結果ばかり求めてするものではなく、悟りを得るためにするものでもありません。また、自分の利のためにするものでもありません。

毎朝の拝礼では、神前に神饌（しんせん）をお供えし、祝詞（のりと）を上げ、関係の個人や企業の祈願を行い、最後には笑いで締めます。それは企業や団体の朝礼に当たるものですが、社員や家族の意識統一にもなると思い、必ず行っています。

家の台所には「命の薬局」と書いております。

毒を飲めば人は死に、良い物を摂取することで命は永らえます。食べ物の良し悪しに左右されるので、何を食したかで人生そのものが変わるといっても過言ではありません。

人に良いと書いて「食」。よく噛むことが基本です。修行でも「典座」といって、食事係は地位が高く重要であります。

勉強部屋は、小さく狭い方が集中できます。それは、氣が壁に跳ね返ってすぐに戻ってくるので、氣が張りやすいためです。

例えば、体育館に勉強机を置くと、氣が散漫しやすく集中できません。

場所の確保が大変かもしれませんが、できれば道場には、神棚や床の間を設置された方が良いでしょう。

それは、思想の表れです。体育館や多目的ホールでのスポーツなどとは違い、武道の稽古では、神棚や床の間がないと、神に対する畏敬の念や思想や精神性が養われにくくなると思われます。また、何もないと中心や間が取れません。

道祖や開祖、または縁（ゆか）りの先生の写真、掛け軸などを掛けるのも、一つの手段でしょう。できれば、黄金率のように、道場関係が七十八でその他二十二の割合になるようにすると、見た目も良いです。

古神道では、自霊拝という伝があります。それは、自分で自分に拝礼する行事です。

天照大神が邇邇芸命（ににぎのみこと）に鏡を託した際に「吾と思い斎（いつ）き祭れ」と言ったことを、普通は「天照大神だと思い鏡を祭れ」と解釈しますが、もう一つ「己自身を祭れ」とも解釈できるところから、山蔭先生は、我が道場でも稽古の始めに鏡に向かい、自分自身にお礼を言わせております。

二宮尊徳翁の歌に「父母もその父母もわが身なり　われを愛せよ　われを敬せよ」とありますが、自分自身に先祖が入っていると思って、それに感謝して生きることが肝要であります。

## 第三節　行住坐臥（ぎょうじゅうざが）

「日常の立ち振る舞いが心を育てる」

日本では、古来より礼儀作法として、箸の上げ下げまで厳しく家庭で躾けられておりました。そうすることで、何時しか身に付いてくるのです。

例えば、箸の持ち方にしても、そこには先人の叡智があり、それが長年続いているということは、最も効率的な方法であるということです。

また、箸の持ち方だけではなく、箸の使い方のタブー（迷い箸等）や、それに付随する茶碗御椀の持ち方、食べ方の姿勢（肘をつかない等）にも繋がっております。

今のように、核家族や一人暮らしが多い世の中ですと、食事の作法はいい加減になってしまいがちですが、戦前のような大家族の中では、親だけでなく祖父母兄弟の中でそれが培（つちか）われ、近所の方々との繋がりも公衆道徳を学ぶきっかけになりました。

また、昔は身分によっても、作法がかなり違う場合がありました。例えば、武士がだらしない身なりや作法をすれば、武士として「貴様、恥を知れ」と罵(ののし)られる場合もあり、立ち振る舞いを指摘され、「武士の風上にも置けぬ」などと批判されました。

# 第二章　お祓い・神事

平成 11 年 秋田県鹿角市花輪 株式会社村木組祈願主・村木通良社長の元
青柳社復興祭にて綾の光時先生、御代真代香先生、父・将人と私の奉仕

## 手振り

明治天皇御製に、次の一首がございます。

「わが國は　神の末なり　神まつる　昔の手振り　わすなよ　ゆめ」

この「手振り」には、色々な解釈があると思いますが、一体何でありましょうか。

古来より、「神道作法」の一つ、「天之鳥船行（あまのとりふねぎょう）」俗称船漕ぎ運動の中に、「振魂（ふるたま）」もしくは「魂振り（たまふり）」という、手や腕または身体全体を振って、罪穢れを振い落す所作がございます。

これは、古代の、領巾（ひれ）もしくは肩巾（ひれ）という薄く長い布を振り、神の魂を奮い立たせて波を起こしたり、害虫や毒虫を祓って、神を呼び寄せる儀式に由来しております。

神社での参拝時に「柏手（かしわで）」を打ったり「鈴」を鳴らすのは、空気を中心とする「氣」を振動させて神の御力を鼓舞し、場を清めるという「魂振り」の変形であります。

またこれが、時代が下ると人に対しても行われるようになり、愛しい人の魂を引き寄せるまじないとして袖を振ったそうです。

欽明紀に、

「韓國(からくに)の　城(き)の上へに立ちて大葉子は　一振らすとも　日本(やまと)へ向きて」

という歌が残っているように、奈良時代には、布帛を女子が首に掛けて左右へ長く垂らし、別れを惜しむ際にこれを振りました。


一昔前までは、日本人は、袖を中心に人間関係を考えてきました。

男女が一緒に寝ることを「袖を交わす」といい、また破局を迎えると「涙で袖を濡らす」と表現し、単に袖を使ったという意味ではなく、袖は恋人同士の関係を表すものでした。

今でも未婚の女性は、長い袖がある「振袖」を着ていることにも、深い意味があると思います。

日本人が手を振るのにも、根底に「魂振り」があります。

昔の人は出かける人に対し、手や袖を振ることで神霊を呼び、そのご加護によって安全に旅ができるように祈りました。

それは、単なる社交辞令でなく、「魂振り」と深い関係がありました。

神職が、「御幣（ごへい）」「祓幣（はらいぬさ）」を持ってお祓いするのも「魂振り」の儀式で、魂の活力を再生する効果があります。


昔は、今と違って、村を出ていくときは「今生の別れ」でした。江戸時代でも「箱根の山は水盃（みずさかずき）」などの言葉が残っておりますし、禅語の「一期一会」や「迎え三分　身送り七分」など、会うより別れを惜しむことを、とても重要視しておりました。

天皇陛下をはじめ皇族の方々は、いかなるときにも手を振って下さいます。常に、国の弥栄と、国民一人ひとりの平安を願われている証だと思います。

飛行機が離陸する際、整備の方々が帽子で手を振る光景を目にしますが、乗客の安全と、愛機への責任や誇りが伝わり、自然と安心感と感謝の念が湧いてきます。

交通が発達した現代社会においても、いつ何があるかわかりません。「これが今生の別れかもしれない」と思うと、別れ際には、相手の道中の安全を祈り心を込めて、「手を振り」たいと思います。

## 続　手振り

「魂振り」の所作が、自らの生命力としての「魂」を振って強くすると同時に、神様の「魂」も増大させて奮い立たせることに繋がっていると前述しました。

神社の巫女(みこ)は、今でも「千早(ちはや)」という「天の羽衣」を想像させる装束を付けて奉仕しています。

和歌では、「千早振る」にかかる枕詞が「神」であることから、昔は、巫女が装束の千早を振ることによって神事を行っていたのかもしれません。

「天の岩戸」の前で天之鈿女乃命が踊ったのを発祥とする「舞」が、今でも神社で「神楽」として舞われているのは、神との交信を行った「手振り」の所作の発展形かもしれません。


『万葉集』に額田王が大海人皇子に宛てた歌として、

「茜さす　紫野行き標野行き　野守りは見ずや　君が袖振る」が残っております。袖を振ることによる、愛しい人への神のご加護を願う気持ちと愛情が、表れています。


ところで、変哲も無い房が付いているだけに見える神職の装束ですが、イスラエル人は、袖に房がある日本の装束が、古代ユダヤの神官の衣装と似ていることに驚く、という話を聞いたことがあります。

特に袖口の四本の房を、イスラエルでは「ツィーツィート」といい、それに触れると病が治ったり魔除けになるなどの言い伝えが残っているそうです。

このことから、洋の東西を問わず、袖には何か深い霊力が内在していたことが推測できます。

もしかすると、そのような繊細なところにまで、先人の叡智が内在しているのかもしれないと思うと、手振りには深い意味合いがあることに驚嘆するばかりであります。

## 祈りと伝統

### (1)「祈り」と「感謝」

昭和天皇御製に、次の一首がございます。

「わが庭の　宮居に祭る神々に　世の平らきを　祈る朝々」

神道は、「祈り」と「感謝」であり、古来より、大自然(神々)への祈り(因)が、作物の「稔り」(果)へと至る感謝となっていくのです。

祈りには、天皇陛下の世界平和・国家安泰の祈りなどの大きな「公」から、庶民の個人的祈願である「私」までであります。

日本は、島国で、温暖湿潤で美しい四季があり、水にも恵まれております。その風土から、自然万物に「神性」を認め、自然発生的に生まれたのが日本神道でありました。

日本は、神代より連綿と続く、万世一系の天皇陛下を中心とする「神道」の国家で、天皇陛下は、常に国民・国家の安寧を只ひたすらに祈り賜る存在であり、「権力の座」ではなく、「権威の座」として、武士主導の時代でも、冒すべからざる存在であり続けてきました。

明治天皇御製に、

「わが国は　神の末なり　神祭る　昔の手振り　忘るなよ　ゆめ」

と詠われましたように、我が国では、神話の時代まで遡るほど古くより神を斎き祭り、祖先を崇め、天皇を戴き、古法の伝承に基づく敬虔なる祈りが捧げられてきました。

「神代とは　経るき昔の　ことならず　今を神代と　知る人ぞ神」（詠み人不

詳）の如く、「中今（なかいま）」（永遠の過去と未来の中間にある永遠の今）の思想より、現在の天皇を今上陛下と申し上げ、一二五代の天皇霊と現天皇が同時に存在しておられます。

かくに、代々の天皇陛下は、永遠の過去・現在・未来を通じて「公の神主」
として存在するのであります。

## (2) みそぎ

みそぎは、本来「身濯ぎ」からきており、神話のイザナギノ命が、イザナミノ命のいる黄泉（よみ）の国から帰って来られて、「我れ穢（けが）らはし」と、その穢れを浄められたことに始まります。

現在でも神道では、「みそぎ行法」は、重要視され、浄化の「浄」という字の如く、水流により「きよく」洗い流すを意味します。

「みそぎ」の行法は、水行（海・川・滝）に代表されますが、他に火（太陽）・塩（海水）・紙や麻・御香・洗米・炭・太鼓や祝詞（音霊・言霊）などの浄めがあります。

山蔭神道では、特に「天・地・人（じん）」に分け、天の祓いとしては、言霊・音霊・太鼓などが、地の祓いとしては、水・土などがあり、人の祓いは、火・紙人形（ひとがた）などがあります。

日常の洗顔や神社の社頭の手水（ちょうず）も、穢れを祓い浄める水であります。

## (3) ことだま

古来より、日本は「言挙げせぬ国」であったと同時に、「言霊の幸ふ国」と称されてきました。

かくに言葉の神秘性を尊び、むやみに尊い言葉を口に出すことを忌み嫌う傾向にありました。

「目は口ほどにものを言う」のことわざがあるほどに、心で感じてわかり合えることが、日本では美徳とされてきたのであります。

一方、言葉を発する際、その音自体に霊的パワーが宿るという信仰から、神に通ずる重要な言葉や句は、祝詞や呪文として残され、秘伝とされてきました。

言葉を発する根本は「口」であり、それを使う「呼吸法」は、ヨーガ・神道・武道の精神統一や鎮魂行において、臍下丹田（肚）より発する「息長」と呼ばれる丹田呼吸法として、特に重要視されてきたのです。

### （4）自霊拝と鏡

自霊拝は、元々は宮中祭祀の秘儀の一つであり、「御鏡御拝の次第」と呼ばれ、鏡を通じて自己を崇め拝する行法です。

この「御鏡御拝」については、天照大御神が授けた「齋鏡齋祀の御神勅」にあります。

これは天孫降臨の際の神勅であり、古事記では、

「此れの鏡は専ら我が御魂と為て、吾前を拝くがごと、いつき奉れ」

とあり、日本書紀では、
「吾が児、この寶鏡を視まさむこと、當に吾を視るがごとくすべし。與に床を同じくし、殿を共にして、齋鏡と為す可し」
と記されています。

この神勅の現代的解釈は、「鏡」が三種の神器として、宮中と伊勢神宮に奉祀されているとの考えです。

山蔭神道では、後者の「吾前」は天照大神、前者の「我が御魂」は皇孫とし、「汝は此れの鏡を自霊の霊代とするばかりではなく、また告げる私自身（皇祖天照大御神）を拝むが如くにあなたを拝みなさい」と解釈しています。

鏡とは、神の中に我を見出す行法で、自己に内在する先祖代々をも含めた、もう一人の我の覚醒であります。

室町時代の神道家橘弘政の歌に、
「わが心　清め清めて　良く見れば　まことは神も　我が心なり」

とあり、「自心即神」で、心の奥に潜む霊智を見出して開眼することが肝要であります。

## （5）神道は国家経綸の大道

山蔭基央（やまかげともひさ）先生のお言葉に、

「神道即ち兵道なり　兵道即ち国家経綸の大道なり」とあります。

実に奥が深く、神道の祭祀・行法を通じて、そこに国家観、延（ひ）いては宇宙観まで大きく繋がっていく観念がないと神道ではない、という意味であります。

つまり、「神道は即ち武道」であり「天下の公道」であるから、神道により国家を治め動かすには、行政の哲学に繋がっていなければならないということです。

「道」には「教」や「法」を超越した意味が内在し、人の守り行うべき道として、道徳・教養・宇宙の根源原理が含まれているに他ならず、神道は、「神教」「神法」ではなく、あくまでも「神道」であり続けるのです。

また、一子相伝などの制度があるように、神道と武道は、命を懸けて生涯探究し、守成したものであることも共通要素であります。

## (6)「神道」は「宗教」ではない

「宗教」は、各々の開祖が、過酷な自然環境での難行苦行や神秘体験から会得したものです。

一方、「神道」は、宇宙実在の法則や大自然の生命作用を教義の本質としており、教祖の作った「教義や戒律」が存在しません。農耕を主体とし、神話を崇め、倫理道徳・恥の文化を有し、その背景には天皇を中心とした家族国家があります。

明治天皇御製に、

「罪あらば　我を咎めよ　天津神　民は我が身の　生みし子なれば」

とある如く、常に国民を思う天皇の大御心があったからこそ、今日の日本の繁栄があると確信いたします。

## （７）伝統と先人達の叡智

神社界がＧＨＱの神道指令で解体されたにも拘わらず、伊勢神宮を始め、各神宮・神社の社殿はそのまま残され、全ての神社は宗教法人として経営されております。

先人達が命を懸けて遺した神社を守り抜き、また日本人の厚い信仰心に支えられて、「神道」が現在まで続いていることは、素晴らしいことです。

先人に感謝し、私達が不惜身命して、公の心を堅持し、次世代にいかに伝えていくかが大きな課題でありましょう。

現在多くの事柄が軽佻浮薄化し、哲学が欠如している中で、神道の根本の徳目である「浄・明・正・直」、つまり「浄く・明るく・正しく・直く」生き、「正直の頭に神宿る」ということわざを堅持し、実践していくことこそ、先人達への報恩であろうと思います。

明治天皇御製に、

「目に見えぬ　神にむかひて　はぢざるは　人の心の　まことなりけり」

とありますことを、心にひしと受けとめたいと思います。

## 蘇民将来子孫之門

「蘇民将来子孫之門」や「蘇民将来子孫也」というお札やお守りが、「疫病除」にご利益のある神社で見受けられますが、「蘇民将来の子孫ってどういうことだろう？」と思ったことはありませんか。

『備後風土記』には次のような話が伝わっています。

武塔神、素戔鳴尊、一説には、牛頭天王が南海路へ向かわれる旅の途中、裕福な家庭を持つ巨旦将来に一夜の宿を乞いました。しかし、巨旦将来は、その身なりを見てにべもなく断ってしまいました。

一方、巨旦将来の兄に当たる蘇民将来(そみんしょうらい)は、貧しいながらも武塔神を暖かく迎え入れ、心を込めてもてなしました。

武塔神は、大変喜ばれ、「疫禍あれば茅の輪を作り、門に懸けよ」とおおせられました。

その後、疫病が盛んに流行ったので、蘇民将来は教えられた通りに茅の輪を揚げました。

すると、疫病は蘇民将来の家を避けていき、一家は、災厄から逃れることができました。

こうして、蘇民将来の一族は護(まも)られ、彼の子孫は後々まで大いに栄えたということです。

これに因んで、「蘇民将来子孫也」のお札を付けた茅輪や杉葉を門口に揚げておけば疫厄除けとなり、「七難即滅」「七福即生」で、一家は繁昌するといわれています。

また、八坂神社にも次のような伝説があります。

話の内容はほとんど同じですが、蘇民将来へのお礼として素戔嗚尊（すさのうのみこと）が、「蘇民将来の子孫として、茅の輪を腰に付けた人は代々、疫病を免れさせよう」と約束したとなっています。

因みに、巨旦将来の子孫は皆、絶えてしまったそうです。

蘇民将来は、八坂神社境内にある疫神社（えきじんじゃ）の祭神になっており、蘇民将来の子孫としての印が粽（ちまき）なのだそうです。通称「艮神様（こんじんさま）」ともいわれております。八坂神社の氏子の家々では、「蘇民将来子孫也」の護符を付けた粽（ちまき）を一年間、門口に飾って疫病除け、厄除けを願っています。

粽は、今は笹の葉で作られていますが、そもそもは「茅巻」の意味らしいですよ。茅がやを巻いて輪にした「茅の輪」を腰に付けた者が、素戔嗚尊との約束である蘇民将来の子孫であるのです。

地鎮祭等でよく「四方祓（しほうばらい）」をしますが、一説では、元々は、鬼門の「艮（うしとら）の金神封じ」の魔除けの術であったそうです。

牛頭天王は祇園祭の祭神ですが、疫病の神であり、その祟り神を鎮めるためでもあります。

これは元々、六世紀に道教や陰陽道を播磨(はりま)の国に渡来して伝えた、法華山一乗寺から丹波、篠山、五台山・東窟寺開山の祖「法道仙人」の法で、別名「播磨法」といわれ、今に伝わっています。

六月三十日の「夏越祓」に茅の輪をくぐるのも、「疫病除」の信仰から来ているのです。

蘇民将来のお話は、一説では、神(素戔嗚尊)を敬った(信じた)民は、将来(新しい世)に蘇るという意味にも繋がってまいります。

## 相撲と神事

〈力士の所作は神事〉

相撲の土俵に「塩」を撒く行為は、場を浄める「浄め」の最たるものです。

相撲の力士が土俵の上で片足を高く上げ、強く地を踏む所作である四股（しこ）は、相撲の稽古の重要な一所作ですが、他方では、地を踏み鎮めるという神事的意味を持っています。

日本各地の祭礼で行う民俗相撲では、力士の四股によって大地の邪悪な霊を踏み鎮め、また、踏むことによって春先の大地を目覚めさせ、豊作を約束させる、との伝えが多くみられます。

一方、「摺（す）り足」は、相撲・武道・能にもみられる動作であり、中国の「禹歩（うほ）」から来ているといわれます。

中国の伝説上の時代「夏」の最初の王であった「禹（う）」は、父親が成し得なかった治水工事を、何年も家に帰らず、毎日歩き続けることによって成し遂げたといいます。

彼は足を痛めて、引きずるように歩いたため、その歩き方（摺り足）を「禹歩」と呼ぶようになったそうです。

また、「禹歩」とは、道教の考えからすると、大地の精霊に表敬する意味があります。

その昔、王が他の土地へ足を踏み入れる際、敬意を以て、この足使いをして地霊が祟りをなさないように鎮めたという話もあり、場を清めるための一種の、呪術的なものであったようです。

その後、日本の所作文化にも取り入れられ、神聖な相撲の土俵で、「摺り足」が行われるようになったのかもしれません。

相撲の起源は、神話のノミノスクネ（野見宿禰）の名が浮かびます。この人物は、第十一代天皇の時代の出雲の人物で、当時力自慢で有名だったそうです。

垂仁七年七月七日（年代不詳）、彼はわざわざ出雲より大和に呼び寄せられ、天皇の御前にて、トウマノケハヤ（当麻蹴速）という者と相撲を取ります。結果はノミノスクネの圧勝で、天皇はその強さに感激し、人格的にも優れたノミノスクネは、天皇に仕えることになりました。

その後、年代が下ると、ノミノスクネの逸話に因んで、相撲節会（すもうせちえ）という祭りが、天平六年（七三四年）の七月七日から正式に執り行われるようになり、それが相撲の起源と伝えられております。

〈現在でも続く「土俵祭り」「神送りの儀」〉

土俵は、「呼び出し」の手作業によって毎場所作られ、完成すると一般の地鎮祭に当たる「土俵祭り」が必ず行われます。

俗に「土俵には金が埋まっている」といわれ、「土俵で出世すれば金が入ってくる」というのは力士を励ますための美辞麗句で、実際には縁起を担ぐ意味があります。

土俵祭りの際には、「勝栗・昆布・米・スルメ・塩・榧(かや)の実」が、土俵中央に神への「鎮物」として埋められ、神職が奉仕しています。

因みに榧(栢)の木とは、「必ず、無事帰ってこいよ」の願いと霊力を込めた境界木であり、古くから栢の大木はそこかしこに見られました。

「朝、榧の実を三粒火鉢にくべると魔除けになる……」という伝説もあるくらい、昔から霊力が宿ると信じられております。

また、土俵の上には、四隅に房が下げられるようになりました。

これは、「陰陽道」も入っており、天空の四方位をそれぞれ司る四神に由来します。

青い房（青房）は東方を守護する青龍、白い房（白房）は西方を守護する白虎、赤い房（赤房）は南方を守護する朱雀、紫または黒の房（黒房）は北方を守護する玄武を表しています。


行司が持つ軍配には、「日」と「月」が書かれ、裏には「天下泰平」とあります。

相撲は、勝負であると同時に、国の安寧を願っての占いであったことが窺えます。

また、千秋楽には、誰もいなくなった土俵で「神送りの儀」が執り行われます。現在は、「土俵祭り」を執り行った行司の中で一番格下の新人が、胴上げされるようになりました。

近頃の「大相撲」は、テレビ中継などで単に取り組みを放映するだけになってしまいましたが、「土俵祭り」や「神送りの儀」は、最たる「神事」であります。様々な文化の影響を受けつつも、相撲全体が、本来は「五穀豊穣」を祈念する「神事」そのものであると認識して観ることも、一興かと存じます。

## 地鎮祭（ぢちんさい）

建物を建てるための基礎工事をする前に行う祭儀を、「地鎮祭」といいます。その土地の産土大神様に建築の許可をいただき、土地の因縁をお祓いすると共に、建築工事の安全と、そこに住まう家族の末永い守護を祈念します。地鎮祭は、「とこしずめのまつり」と訓読みしたり、「地祭り（ぢまつり）」ともいいます。地鎮祭の歴史は古く、持統天皇の日本書紀にもその記述がみられ、それは、古い寺院から「鎮め物」が出土しているところからも窺えます。一般の建築儀礼として広く普及したのは、江戸時代後半と考えられています。神道式だけでなく仏教式もあり、今も行われております。

地鎮祭祭場は、一般的に土地の中央を使用し、清浄な場所を示す斎竹（葉の付いた青竹）を四隅に立てて、注連縄を張ります。そして、その中央に神籬（榊に麻と紙垂を付けたもの）を立てて、神様の依り代（降りてこられる処）とし、神饌を捧げて神祭りを行います。

その祭壇近くには、盛砂、立砂と呼ぶ円錐形の砂を置きます。

これは、元々は、京都の「上賀茂神社」の細殿前の立砂に起源があります。

この神社の近くに聳える円錐形の秀峰「神山」の山頂に、神が降臨した磐坐があり、それを象ったものが立砂とされています。

今でも表裏鬼門に砂を撒くのは、この立砂の信仰が起源といわれております。

地鎮祭では、一般的には立砂に工事の安全を願います。そして、「苅初めの儀」では設計者が鎌で、「穿初めの儀」では施主が鋤、施工主が鍬で、氣合いと共に神事を行い、「鎮物埋納の儀」で神職が奉仕します。

山蔭神道では、古式に則り、一般的な鎮物の他に、お札や六角棒を埋める場合があります。

途中に行われる四方祓いは、元は中国古来の陰陽五行思想に基づき、東、西南、北、中央を司る神と八百万の神々に感謝の祈りを捧げつつ、悪霊退散の意味も含んでおります。

最近は、地鎮祭を省略して家を建築する方が増えました。目に見えないものを軽んじる傾向がある中、その土地の神様に、工事の安全を願い、末永くお世話になる土地や家屋に感謝の誠を捧げることは、万物の霊長たる人の務めであります。

このハイテクな世の中にあっても、その伝統ある祭典が絶えず残っていることの意義の奥深さを、この機会に今一度考えてみてはいかがでしょうか。

## 解体清祓(かいたいきよはらい)

「解体清祓」――あまり馴染みがない言葉かと思います。

更地の土地には、「地鎮祭」と「上棟式」を執り行いますが、既存の建物を取り壊す際には、「解体清祓」を斎行致します。

それは、産土(うぶすな)神社の神様に対する報告であり、長きに亘り雨風を凌(しの)ぎ、天変地異などの災害に耐え、住人の生命財産を守ってきた建物と、火事などを起こすことなく、平穏無事に暮らせたことへの感謝です。

また、木材・瓦などの鉱物や、杭・楔(くさび)・栓(せん)などへの感謝と供養、解体工事に携わる方々の安全祈願の意味合いもあります。

「立つ鳥後を濁さず」のことわざのように、住まい始めたときよりも美しくしてお返しするという心構えが、より良い次の土地や物件に導かれることになることでしょう。

解体清祓は、人間でいえば「葬儀」であり、四十九日までは、人の霊も家の周りを彷徨うといわれるように、解体の四十九日前までに祭祀を済ませ、木の精霊などが別の場所に移り終えてから解体した方が良いとする説もあります。

解体清祓をしないことは、人間でいえば葬儀をしないことになり、その土地、建物に対し大変失礼になります。

解体せずにその家を引き払う際は、神職にお願いする大々的な祭典でなくても、少なくとも感謝の言葉を述べた上で、塩・洗米・水・清酒を用いて心を込めてお清めすることをお勧めします。

後始末をきちんとすることは、「目に見える」人間社会だけにとどまらず、「目に見えない」神様の世界に対しても同じことであり、それを怠るのは、「知らず識らずに犯せる罪」ということになりかねません。

各種の「祓上げ清祓」の祝詞の末尾に、「今より後は如何なる取り扱いを致すとも、祟り給う事なく、障る事なく、守り幸はへ給へと恐み畏み白す」という語句があるように、土地、厠、井戸、墓地などは、「祟る」や「障る」ということもありますので、細心の注意が必要となります。

# 上棟式

「上棟式」という言葉は、近頃あまり聞かなくなりました。

これは、工事の途中で、屋根の一番高い所に取り付ける横木である「棟木（むなぎ）」を上げるときに行われる行事です。

工事がそれまで順調に進んだことへの感謝、これ以降の工事の安全祈願、そして工事関係者、職人さんへの労いと感謝の行事です。

上棟式は、別称「建前」ともいいます。

ここで、建前の語源となった逸話を紹介します。

昔、日本一の宮大工といわれる、長井飛騨守高次（ながいひだのもりたかつぐ）という人がいました。

あるとき、京都の千本釈迦堂の住職が、本堂の工事を高次に依頼しました。

高次は、棟梁として二百人ほどの職人を使って本堂の仕事をすることになりました。

ところが、いよいよ明日建前という日に、一本の柱を短く刻んでしまい、上手く収まらなくなってしまいます。

高次がどうしたものかと悩んでいると、妻のおかめが名案を出しました。

それは、枡組を作って短い分を補うというものでした。しかも材料は、柱の切れ端で間に合います。

急遽、短い柱に寸法を合わせるように全職人に指示して、上棟式に間に合わせました。

そしてこのことで、逆に見栄えも良くなり、住職からも「さすが日本一の宮大工」と感謝されました。

ところが、この一件を恥と思い、表に出るのを恐れた高次は、悩み始めます。

それを知った妻のおかめは、自分がこの世からいなくなれば秘密は守られ、亭主は安心するだろうと思い、川に身を投げて、この世を去ったのでした。

高次は、己の犯した罪の深さを悔やみ、未来永劫弔（とむら）うと心に誓い、おかめの使っていた鏡、櫛、口紅、おかめの面などを棟の上に飾り供養した、というのが建前飾りとなったそうです。

建前にこだわるあまりに妻を死なせてしまった男の生き様に、「本音」で応じた女の悲劇が、「本音と建前」の語源となったといわれており、今でも京都の千本釈迦堂大報恩寺に「おかめ塚」という供養塔があります。

上棟式の神事は、一般的には大工の棟梁が取り仕切り、魔除けの幣串や弓矢飾りを立てて、骨組みに板を渡して祭壇を組みます。

そして、神饌をお供えして、家の四隅に神酒、米、塩を撒きお清めします。

その後、棟梁が祝詞を奏上し、曳綱ノ儀（棟木を曳き上げる）、槌打ノ儀（棟木を棟に打ちつける）をし、施主家族が中心となって散餅銭ノ儀、いわゆる餅撒きをします。

これには、「福分け」という意味があります。

故事に「隣に蔵が建つと、うちは腹が立つ」とある通り、妬み嫉みなどがないように、周辺住民に対して理解と協力を請うのです。

そして、最後に施主が、取り仕切ってくださった棟梁や工事関係者を労い、共に直会で親睦をはかってお開きになります。

マンション等が多くなり上棟式も少なくなって、大工さんとの親睦が無くなった昨今、このような神事を引き継いでいくことは本当に貴重です。

## 土

かなり前のことになりますが、私が体調不良のとき、鍼灸の先生に「日光浴と土いじりをしていませんね」と言われたことがありました。

住まいの周辺も、私の子供時代に比べると、畑や土がずいぶん減った氣がします。

先人の言葉に「土の五徳」というものがあるそうです。

土は凡て(すべ)の物に命を与える
土は凡ての物に力を与える
土は凡ての物を蘇らせる
土は凡ての物を清浄にする
土は凡ての物に平等である

『易経』に、土の徳は「直ニシテ、方ニシテ、大ナリ」（正直で、秩序があり、壮大である）とあります。土は正直で、心を込めて耕せば、豊穣という報いをもって応えてくれるのです。

難病の人を裸にして、土を掘って顔だけを出して数日埋めたところ、快癒に至ったという事例を聞いたことがあります。


日本では、昔から住まいの近くの神社を「産土神社」といい、また、そこで採れた特産品を「お土産」といい、いずれも「土」に深い縁りがあります。土にも様々な種類があり、それに適した地方の食物、用途があり、それが特産品や環境を作ってきました。

一五〇年前までは、国民の大半は何かしら土に関係する職業に従事していました。

伊勢神宮の外宮別宮にも、地元の守護神が「土宮」として祭祀されております。

また、先人の教えで、悪いことが続く土地では、土を三尺（約九〇センチ）掘って入れ替えると良くなる、ということを聞いたことがあります。

交通が発達していない時代、人間は、住まいの三里（約一二キロ）四方の環境の中で育ち、そこからの食物で生き、そして死んでいきました。昔の人は、死ぬことが「土に還る」ことだと、感覚でわかっていたのでしょう。

このように、いずれ人は土となり、循環交流し、動植物に恩恵を与えるという思想があります。ですから、その生命の根源的なエネルギーの一つである土は、重要であり、人間の成長そのものを左右していたとも考えられます。

仕事を退職された方が、陶芸、盆栽、家庭菜園、畑をやり出したという話も多く耳にします。

土には、何か人間を惹きつける計り知れないエネルギーや、心の安らぎ、郷愁などがあると思います。

忘れかけていた大自然の土の恩恵に、感謝したいものです。

## 土地の因縁とお祓いについて

### 〈人々の土地への想い〉

古来より、人々にとって、住んでいる土地の因縁は強く、重要視されてきました。

「先祖伝来の土地」という言葉がありますように、代々の先祖が守ってきた愛着のある土地に対する人間の思いは、格別でありましょう。

特に、お百姓さんなどは、土地から農作物を摂取することを生活基盤としますので、大地はかけがえのないものであり、彼らの感謝の念や五穀豊穣に対する祈りは、特に深いものです。

人々が、節目節目に生まれ故郷に帰省するという行為も、土地に対する思いの表れであります。

無意識のうちに、生まれ故郷の土地を心のより処としているのでしょう。

例えば、病気の方を故郷に連れて行って、そこの食物を摂らせ、療養させると病気が回復した、という事例も多々あります。

人は、生まれてからの三年間で、皮膚感覚や毛穴などがその環境に順応して形成されるため、育った土地が、それ以降の生活環境に大きく影響を及ぼすといわれています。

そのためにも、住まう土地の浄化が重要となります。

## 〈土地には神・霊魂が宿っている〉

土地には神や自縛霊・霊魂が宿っているとされ、古来より地鎮祭が執り行われてきました。

例えば、樹木がたくさん生い茂る中にそそり立つ大木などには、精霊が宿るので、それを無碍（むげ）に切り倒したために災いが起きることは、数多くあります。

また、「井戸端会議」などといわれるように、井戸は人々の生活と密接で、供養なく埋め戻すと祟りがあるとされています。

現代とは違い、生まれてから死ぬまで、その近隣地域からほとんど出ることのなかった時代には、産湯から最期まで、その井戸水の生命エネルギーを戴いて生きていたのでありますから、その影響は大きいのです。

地相と同様に家相も重要です。また、庭などの樹木や石碑、池の相なども同様で、総合的に関連づけて調べていく方が良いでしょう。

土地のことを「アース」というように、土には電気を放電する役目があり、作物を生成化育する外物(がいぶつ)を、分解したり浄化する働きがあります。

## 〈悪い土地は不運に繋がる〉

そこが元々何のための土地だったのかというのは、最も重要です。

例えば、東京湾近くの地名で「洲」が付く所は、埋立地の可能性が高く、土地のエネルギーが弱少で地盤もゆるいため、一般の居住地としてはあまり適さない場所です。

しかし、水商売関係は繁昌するといわれています。福岡市の「中洲」などは良い例でありましょう。

また、「塚」という地名は元は貝塚などで、大昔は、ゴミ捨て場や死体処理場であった可能性が高く、また、古戦場跡や墓地の跡などにも「塚」が付く場合があり、あまりお勧めできません。

その他、低くて水害に遭いやすい土地や、交通事故現場や火災跡も良くありません。

そして、寺院や神社の側近もお勧めできません。

寺院の場合、江戸時代以前は、今よりも遙かに大きな境内を持っていたので、その場所が墓地であった可能性があります。

神社にしても、元々は広大だった可能性があります。

元々そこは神聖な場所でしたので、一般の人々が住むべき場所でない所に人が住んだ場合、色々な現象が現れることがあります。そのため、土地の購入や建築などには、注意が必要です。

その土地に行ったら気分が悪くなったとか、直感的に良くないと感じた場合は、避けた方が良いでしょう。また、犬には霊が見えますので、夜中に犬を連れて行って、むやみに吠えたりするような場所も良くありません。

悪い土地の場合、家族間の争い、病気、精神病、結婚できない、子孫が育たない、早世するなど良くないことが起こる場合があります。

そのようなときは、お祓いをして、土地の浄化や供養をすることで、災難を避けることができます。


〈善行を積むことが重要〉


引越しされる場合、「立つ鳥跡を濁さず」の故事の如く、立ち去るときは、見苦しくないように良く始末をするべきであります。

「今まで雨風を凌いでくれてありがとう」という感謝の心で掃除し、立ち去るべきでしょう。そうすることによって、次の住まいとして、とても良い環境の所に巡り合えるでしょう。

「積善の家に余慶あり」という中国の故事の如く、善行を積み重ねた家には、必ず子孫にまで及ぶ幸福がやって来ます。

取り壊しをする場合は、その家に対する感謝や供養の意を込めて、お祓いすることをお勧めします。

家には、そこに住む人の念や思い、霊魂がついているとされ、お祓いの後、人間と同様に、四十九日経ってから取り壊すのが最適です。

それを怠ると、場合によっては、解体業者が事故や怪我をすることもあります。


〈お祓いの意義〉


お祓いは、文字通り、社会生活、学校生活、家庭生活の中で積もった罪・咎(とが)・穢れを綺麗に祓い清めることです。それにより、身も心も清められ、原点に立ち返り、神様からの恵を戴いて、新たな一歩を踏み出すことができます。

神道のお祓いの行法は、水行（海・川・滝）に代表され、日常の洗顔や神社の社頭の手水も、穢れを清めるものです。他に火（太陽）・塩（海水）・紙・麻・御香・洗米・炭・太鼓や祝詞（音霊・言霊）などがあります。

古来より、日本は瑞穂(みずほ)の国といわれ、米を主食としてきました。

米の籾殻（もみがら）からできる炭は、多くのマイナスイオンを発生させ、土地の浄化、土壌改良、植物の生育等に非常に有効です。

お祓いは、大自然に対する畏敬の念などの、永い伝統文化に裏打ちされています。それは、代々の先人達が、試行錯誤しながらも、慣習や叡智を結集してつくりあげたものであります。

自分達が目に見えないものに生かされていることに氣づき、感謝と謙虚の氣持を忘れずにいたいものです。

### 刀剣清祓

当宮では、武道関係者も多いので、以前「刀剣清祓」を、数回ご奉仕したことがあります。

山蔭基央先生より、

「そのような類いの物は、売り手がお金に困って手放したであろうことが多く、購入する際に『貧乏神』も一緒に付いてくる場合があるから注意せよ」と言われたことがありました。

これは、刀剣類に限らず、骨董品全般にいえることであります。

また、人を斬ったような刀は、鞘を抜いて見ると目が血走るので、購入は避けた方が良いとも教えていただきました。


当宮でも、所有者から刀がもたらす色々な現象を伺って、問題のある刀剣類を約百日間お預かりし、毎日朝夕の拝礼の際にお清めさせていただき、時間をかけて因縁を抜いたことがありました。

やはり刀剣類は、自分の元に来るまでの経緯の中で、色々な方の因縁めいたものを背負っていることが多々あります。ましてや人を斬った刀は、必ずお祓いが必要です。

刀剣類を借金のカタに受領したような、自分の意志で購入したのではない場合でも、お祓いをした方がよろしいと思います。

また、新品の刀剣類の購入であっても、作り手の因縁がある場合も考えられますので、お祓いは行った方が良いでしょう。

お宅に古い刀剣類がある場合は、所持するにあたって都道府県の教育委員会発行の「銃刀剣類登録証」が必要です。それがなければ、「銃刀法違反」になってしまいます。


こうした刀剣類に、美術的価値があるか否かに関心があれば、是非、刀剣保存協会などに問い合わせてみるとよろしいかと存じます。

本当に価値のある物が、子孫にとっては単なる鉄の塊やガラクタに過ぎないこともあり、それがその物品に対する不敬に繋がる場合もあります。

鑑定のテレビ番組でも、所有者以外の家族にガラクタ紛（まが）いだと思われている物に、予想以上の高値がつく場合がありますね。

気になられた方は、少々お金と労力はかかりますが、無関心の子孫に知らしめるためにも、また家宝になる場合もありますので、機会をみて、ご縁や先祖の導きと思い「刀剣清祓」も含めて調べられてはいかがでしょうか。

# 第三章　家屋各所の謂れ

結婚式　藤木相元先生

## 〈お便り所〉

我が家のお手洗いのドアには、全てに「お便り所」と書いてあります。

父・將人曰く「『便所』とは、大自然からの便りの状態によって、その日の体調がわかる場所だから」ということでした。

「便所」の由来は、大小便をするところからきていますが、昔は、「厠(かわや)」「はばかり」「雪隠(せっちん)」「御不浄(ごふじょう)」など様々な愛称で呼ばれてきました。

現代では、「トイレ」「お手洗い」「洗面所」「化粧室」といった名称が用いられていますが、いずれも外来語あるいは外国語を訳した言葉であります。

私が子供の頃、父方の山形県の実家は外に便所があり、夜中に一旦外に出てから用を足すのが、子供心に非常に怖かったのを鮮明に覚えています。

約五十年前までは、それが当たり前でした。

その後、汲み取り式とはいえ家の中にトイレができ、その後、水洗式トイレに変貌を遂げたのは画期的な進歩といえましょう。

昨今、生活スタイルが洋式となり、和式より洋式のトイレが主流になったことが、現代人の足腰が弱くなった原因の一つと指摘されています。

また、とても綺麗な日本のトイレは、世界中から称賛され、日本で開発改良された温水シャワー便座は、日本を訪れた外国人に大人気商品だそうです。

一方、家相においてはトイレは不浄のものとされ、その方位は、「真北」「鬼門」「裏鬼門」を避けるべきといわれています。

昔から、北にトイレがあると寒いため、身体に良くないといわれています。

また、航海などでも重要視される北極星が「妙見菩薩」の化身とされる信仰から、その神聖な星を、北にあるトイレから眺めては失礼に当たるとの言い伝えもあります。

古来より、家庭には七人の神様がいらっしゃるといわれています。

家が新築されると、この七人の神様が自分の担当する部屋や場所に、一斉に向かわれます。

一番目に到着した神様は、一番お金がかかっている「応接間」

二番目に到着した神様は、次に見栄えが良い「玄関」

三番目に到着した神様は「居間」

四番目に到着した神様は「寝室」

五番目に到着した神様は「台所」

六番目に到着した神様は「洗面所」「お風呂」

七番目に到着した神様は「便所」

へ、それぞれ向かわれます。

この七番目に到着するのが烏枢沙摩明王（うすさまみょうおう）様と呼ばれる神様です。

この神様が、一番遅く到着したのには理由があります。

一番目の神様は、手ぶらだから一番早く、二番目以降は徐々に大きい袋をお土産に持ち、最後の七番目の神様は、大きな大きな袋いっぱいにお土産を背負っておられるため、走ることができず一番遅くなるとのこと。

このお土産が、金銀財宝なのです。

ですから、昔からトイレを心を込めて磨き上げると、「良いことがある」とか、

「良い家に嫁げる」「可愛い子供が生まれる」などといわれています。また、運氣を逃がさないために、トイレの蓋は必ず閉めた方が良いのです。

質素倹約といわれる近江商人は、便所だけは黒檀などの立派な材料で作り、常に綺麗に磨き上げていました。

また、「おん・くろだのう・うんじゃやく・そわか　烏枢沙摩明王様、ありがとうございます」と御真言（ごしんごん）を唱えながら掃除をすると、本当に良い便りがあるといわれています。

そういう意味においても「お便り所」といえましょう。

お試しあれ。

〈囲炉裏（いろり）〉

「囲炉裏」は、百年前までは、農家の大多数の家の中心にあったものですが、電気やガスの普及のおかげで、今は地方でも姿を消しています。

以前「囲炉裏」のことを小学生に質問したら、「民族博物館で見た」などと言われ、過去の遺産になったことを実感しました。

そういう私の家にも、住宅事情から囲炉裏はありませんでした。子供のとき、父の実家の山形には囲炉裏があったので、物珍しさで親戚に色々たずねました。

囲炉裏の原理は、竪穴式住居の時代からあった炉であるとされ、農家や豪雪地帯では近年まで使用されていました。湯を沸かしたり、できた料理を保温したりする役割でありましたが、それ以外にも人を育てる教育の場にもなりました。

ここでは、そのルールや効用について紹介していきます。

電気やガスがない時代は、囲炉裏で、家族皆が暖を取っていました。今は、個室にもエアコンなどが完備されていますが、昔は囲炉裏を中心に家族の団欒がありました。

囲炉裏の構造は、炉縁（ろぶち）といわれる縁（囲い）からなり、梨の木がよく使われたようです。

中には、灰が敷き詰められていました。

紙が貴重であった昔の子供達は、その灰と火箸と灰ならしを使って、年長者から読み書きを教えられました。教育の場でもあったのです。

囲炉裏には、「横座」といわれる主人の指定席があり、席の秩序には厳格な決まりがあります。

囲炉裏には、煙がつきものです。

萱葺き屋根の家では、その煙で燻されることで害虫駆除になり、煙の炭素によって屋根裏や柱や梁はより丈夫になり、腐敗が遅くなって長持ちしました。

天井から囲炉裏の中心に吊り下げられた「自在鉤(かぎ)」は、鍋などを掛ける先の曲がった鉤になっており、火加減調整のための、高さが自由に変えられる横木と呼ばれる木には、防火に鯉の彫刻が施されています。

自在鉤の真下には、鍋などを平らに置けるように三本足の「五徳」という鉄製の台があり、理に適なったものばかりで構成されてぃます。

また、囲炉裏の上部、天井から吊るす木製や竹製の格子状の板を「火棚」といい、上方に舞い上がる火の粉を防ぎ、煙や熱を拡散させる役割を果たすと共に、そこに燻製や保存食を吊るして乾燥させる場ともなりました。

炭のくべ方にも工夫があり、「冬は火がついている方を上に向けて灰に置き、夏は火がついている方を下に向けてくべなさい」と教わりました。


最近はなかなか気軽にはできなくなった焚き火やキャンプファイヤーですが、人間は本来火の周りに集まり、火を敬い、感謝し、恋しく思い、皆で囲んで親睦をはかる習性があります。

先人の知恵が凝縮した囲炉裏は、現代人が忘れかけている何かを語っているようにも感じます。

家の中で顔を合わさずとも生活ができ、家庭内別居のような家族が出現した昨今ですが、たとえ囲炉裏がなくとも、昔の囲炉裏を囲んでの家族団欒や和氣藹々とした雰囲気のある家庭が、一軒でも増えて欲しいと願うばかりです。

〈井 戸〉

「井戸」――最近めっきり聞かなくなった言葉です。
七、八十年前までは、井戸は庶民の生活になくてはならないものでした。しかし、上水道が整備されて、蛇口を捻ると水が出るようになり、いつの間にか忘れ去られた存在になってしまいました。
「井戸端会議」という言葉が示すように、昔は、向こう三軒両隣が同じ井戸を使用したため、井戸は人々が集うコミュニケーションの場でした。
また、井戸を共有することで、その地区全体が同じ水質の波動で潤いました。産湯から最期の水まで、どの家も何代にも亘りお世話になり、井戸というのは、人々の生活全般を担い、かつその地域を見守っている存在でした。

昨今、家族のあり方や住まいが変わり、先祖伝来の井戸を、区画整理などで安易に埋め戻すケースが多くなりました。
古来より井戸には、「水神様」が宿るといわれ、安易な扱い方をすると、その「水神様」を汚すことになり、障りがあると言い伝えられて来ました。
だからこそ井戸を埋め戻さなければならないときは、神事を行うことが大事です。

山蔭神道では古伝に則り「井戸祓い」を行い、産土の神様・水神様に今までの感謝とお許しを戴いて、元に還す神事が厳粛に行われています。

また、埋め戻さず使用しない井戸には、底から地上にまで届く長いパイプを用いて、空気の流通だけはしておく「息抜き」をします。

そうすることにより、水神様を汚さず、水が澱(よど)まずに穢れないといわれています。

一方で、近年の震災の経験から、災害応急用として井戸が見直されています。
普段は庭の散水用として利用し、災害時にはろ過をして飲用できるという利便性が、再認識されているそうです。

井戸は水道と違い、地下の温度が一定のため、夏は冷蔵庫代わりにスイカなどを冷やし、冬は融雪に利用されてきました。

また、一年中、水温が十四度~十五度なので、井戸水で禊をすると、身体にくる負担が水道水より少ないのです。

蛇口を捻るだけで簡単に、豊富に使える綺麗な水が出ることへの感謝と、先人の叡智と知恵が詰まった「井戸」の貴重性を考えてみましょう。

〈玄　関〉

「玄関」が住まいの入り口であることは、言うまでもありません。

中国の道教では、「体内にある氣を通す場所」とされています。

また、禅宗では、「日本伝来の際、達磨大師が梵語のディヤナーを、はじめ『玄』と訳し（後に「禅」と訳す）、『玄関』は『玄妙の道に入る関門』に由来する」とされます。

つまり、現代の人々が考える、ただ靴を脱ぎ履きするのだけの場所ではなく、もっと深い意味合いがあるということを、是非知っておきたいものです。

玄関は、先人からの教えです。

「玄」に人と書いて「玄人（くろうと）」と読み、「道に精通した人」の意があります。

「関」は「大事な場所」、つまり家長である「主人」を指す言葉です。

だから、玄関は元来、主人以外の者は、使用できなかったのです。

昔のお屋敷や公の建物などには、「玄関」「通用口」「勝手口」と三種の出入り口があり、主人と来客は玄関を使用し、それ以外が通用口や勝手口を使用しました。

会社等には「社員通用口」があり、その普段出入りする戸口は、裏口や目立たない所にあります。

一昔前は、どのご家庭にも勝手口があって、商いをする者は必ず勝手口にまわって御用聞きをし、注文を取りました。

玄関を設けるのに最もよい吉方は、巽（たつみ）の方位、つまり南東ですが、現代のマンションでは、日当たりの良い方向にベランダを設けるため、玄関が必然的に日当たりの良くない方向になってしまいがちです。その場合は、「方位除け」

のお札を貼るなどの対処方法があります。

また、玄関の雰囲気やインテリアで、その家庭の姿、考え方、生きる姿勢を感じます。

最近は、利便性や収納の少なさから、玄関に色々な物を置いているご家庭がありますが、本来は履物だけを置き、余計な物は置かないように整えることを心がけることが大切です。


昔は来客がある前、「打ち水」をして玄関前を清め、客が好むお香を焚いて出迎えるのが習慣でした。

時代劇などで、主人の道中の安全を祈り、玄関で「火打石」をする場面を目にしますが、単なる迷信ではなく、帯電している古い静電氣を「火花」で新しい氣に変える効能があると、一部実証されているそうです。

火打石代わりに、ポケットライターでも同じことができますので、お清め専用ライターとして用意してみてはいかがでしょう。

いずれにしても玄関をスッキリとした場所にすることで、氣の流れが変わり、家族も来訪者も清められると思います。
お試しあれ。

〈床の間〉

最近特に、「床の間」がある家が少なくなってきたことは、否めない事実です。限られたスペースでの間取りの確保を優先するばかりに、床の間のスペースがなくなり、また生活様式の変化による和室の激減という事情もあります。また、住宅そのものへの、思想や哲学が軽んじられている傾向もあると思います。

ともすれば、「住まい」から「巣」の方向に向かっていると感じられるのです。

お祓いなどで伺うと、立派な床の間があるご家庭でも、教える方がいないのか、テレビやタンス置き場などになっていて、本来の床の間の役割りを果たしていないのは寂しい限りです。

一戸建てはまだしも、新しいマンションは初めから和室がない間取りが多いため、障子や畳に触れたことがない、床の間に至っては名前すら知らないという子供もいると思います。

私が子供の頃は、客人を床の間付の和室に通し、床の間に近い上座に座っていただき、もてなすといったような光景がよく見られました。

そこには、いつも掛け軸や花が活けられ、神聖な場所でした。

子供がその上で遊ぶようなことがあると、叱られたものです。

床の間とは、文字通り「床」の間のことです。

「床」とは何かというと、漢字の成り立ちがその意味を表しています。

「床」は「牀」の略字で、「爿（しょうへん）」は寝台を立てた象形文字であり、右に添えられた「木」は立てられた寝台に接した木片を表しています。

つまり「牀」は「寝る」「座る」場所を表した文字であり、高貴な方が寝たり座ったりする場所が変化したものです。

歴史的には奈良時代の「寝殿造」まで遡り、畳が貴重だった頃は、全体が板の間で、床の間だけに畳を敷いた時代もありました。

また、床の間の側には、神が宿りし「大黒柱」が建っております。

私の両親が結婚した昭和三十年代前半は、一般的に結婚や晴れの行事は、床の間の前で行われておりました。

床の間のないご家庭には「置き床」といわれる簡易的なものもあり、床の間を通してその家に住む方の思想や、季節感・心の安らぎ・情緒を醸し出していたのではないかと思います。

床の間があるご家庭は、掛け軸やお花を飾り、心の安らぎを感じてはいかがでしょうか。

〈障　子〉

日本人の生活様式が大きく変わり、和室もかなり減ってきている中で、和室には欠かせない「障子」がある家も少なくなってきました。

障子は、平安時代の末期に誕生しました。

それまでの部屋は、光を入れるために、外と内を御簾（みす）などで仕切るだけの簡素な造作でした。

しかし、これでは風通しが良すぎたため、部屋の中を屏風や几帳で囲み、冬の寒い時期には火鉢など置いて寒さを凌いでいました。

そうした貴族の生活の中で生まれた障子は、間仕切りとしては重く高価な襖同様の役割を持ちつつ、薄い紙を張ることで、採光と風よけの機能を合わせもった画期的なものでした。


鎌倉時代になると、和紙の生産技術向上が盛んになり、障子は貴族の間に定着し、「明障子（あかりしょうじ）」として使用され、やがて寺社仏閣にも普及していきました。

室町時代になると、「書院造り」や「数寄屋造り」の影響で技術が刷新され、下半分が板目の「腰高障子」となり、更に耐久性を持たせるために、格子の目をより細かくして、丈夫な障子枠が生まれました。

江戸初期には、まだまだ障子は高級品でしたが、中期以降、和紙の原料の「こうぞ」や「みつまた」の生産量が徐々に増加したため、豪商などを中心に徐々に庶民にも普及していきました。

明治時代以降は、紙の生産が農家の副業となったことで、農民にまで広く普及し、身近な建具として、なくてはならない存在となっていきました。

しかし、昨今大きく生活環境が変わり、根強い人気はあるものの、カーテン、サッシ窓などにおされて、徐々にその存在価値がなくなりつつあるのは寂しいものです。

また、障子の建具としての素晴らしさを知る人が少なくなり、それが作る技術の衰退にも繋がっています。


先人の叡智から生まれた障子は、西洋のドアと違い、開け閉めが軽く、取り外しが可能で、通気性、吸湿性、保温性に優れています。

また、和紙さえ張り替えれば、ほとんどの木枠は半永久的に利用できます。

天気予報がない時代、昔の人は障子の滑りが軽いと、雨が降っていても近いうちに晴れてくることを察知し、滑りが重いと、晴れていても雨になることを知ったのでした。

現在は、破れず、張り替えなくてもよい、便利な障子が出ていますが、昔は、年末の風物詩たる大掃除で、子供達が楽しんで障子紙を破く光景がありました。家族総出での張り替えは、とても懐かしいものですが、今ではそうしたこともほとんどなくなってしまいました。

日本の伝統的な建具の障子と、それにまつわる風物詩は、ぜひ残しておきたいものですね。

〈神　棚〉

一般家庭ではめっきり見る機会が少なくなった神棚ですが、今回は、その祭り方などを紹介します。

神棚は、家の中で神様を祭る神聖な場所です。お札を通じて、ご縁のある神様を遠方から拝むための大切な御社です。

一般家庭で神棚を祭るようになったのは、江戸時代「おかげ参り」という伊勢参りが流行した頃のことです。

各地区の「御師（おし）」と呼ばれる神宮の担当神職が、地区を廻って参詣を促し、参拝者の祈祷や参詣（さんけい）の宿泊をお世話しました。

そして、神聖な伊勢神宮のお札を、参詣の証として各家庭に頒布し、祭ることを勧めたことから、現在の神棚の形式になったとされています。

自宅の神棚は、日々の神様へのご挨拶と感謝の気持ちを伝える、大切な場所です。

本来は禊（水行）が基本ですが、略式で、手や口を清め、罪穢れを祓い、呼吸を整え、謙虚で素直な気持ちで朝夕お参りすることで、心がリセットされて、一日の活力となることでしょう。

よく「お札」も「御守」も一緒と考えられがちですが、「お札」は、祭られた場所全体を守り、「御守」は身に付けている人を守りますので、「御守」はできるだけ身に付けておくようにしましょう。

神棚の設置場所について意識することは、日中、日の光が当たるように祭るということです。もしくは東向きで、水周りや人がくぐるような場所を避けて、目線より上に設置します。また、家族が集まる場所の方が相応しいです。

神棚の床板は、ヒノキの一枚板です。

正式には、幅三尺六寸五分（これは一年の三六五日を表す）・奥行一尺二寸（これは一年の十二ヶ月を表す）・厚さ一寸（一日を表す）です。

しかし、これがご家庭に大きすぎる場合は、設置場所に合わせて狭くしても構いません。しかし、どんなに小さくとも棚板の厚さは一寸にします。棚板が薄いのは「幸」が薄いに通ずるともいわれます。

神棚の上に住まいがある場合は、天井の上には何もありませんという意味で、半紙に「雲」と書き天井に貼り付けましょう。
次にお社ですが、三つ扉がある場合には、
真ん中に、天照皇大神宮のお札
向かって右は、産土神社のお札
向かって左は、崇敬神社のお札
をお祭りします。扉が一つの場合は、下に崇敬神社、産土神社、天照皇大神宮の順番で重ねてお祭りします。

「神饌」と呼ばれる神様のお食事は、水・洗米・塩・清酒で、毎日取り替えるのが望ましいですが、少なくとも一日、十五日には取り替え、榊も枯れる前に取り替えましょう。

年中行事の中に、「正月事始め」または「煤払い」があります。それは、十二月十三日で、神棚の掃除から始まり、新年の歳神様を迎える準備をすることだそうです。

またその際に、古いお札を神社に持参し御焚き上げし、新しいお札をお受け下さい。

正しい祭り方で神棚に拝礼すると、きっと運氣も上がることでしょう。

〈台 所〉

我が家の台所の入り口には、「命の薬局」と書いてあります。

食べ物の善し悪しによって人の健康は左右され、何を食したかによって人生そのものが変わるのです。

えげつない物を食すると、えげつない人間になるといっても過言ではなく、その人間の源となる食べ物を調理する場所が台所であります。

台所の由来は、平安時代の「台盤所」に由来し、台盤とは、食物を盛った「盤」を載せる脚付きの台で、初めは貴族の家で用いられていました。

その後、鎌倉時代に、武家や農家で竈のある所、調理する所を「台所」と呼ぶようになったとされています。

古来より「食」と「家計」の関係は直結していることが多く、金銭上のやりくりの難しさや経済的に苦しいことを「台所は火の車」などと表現します。

家電やガスコンロが普及する戦前までは、食事を作るには手間暇がかかり、台所は「女の戦場」といわれて、男子禁制の粉骨砕身の格闘的な場であったそうです。

昔は竈や七輪で煮炊きしたので、火加減などが難しく、だからこそ竈は重要で、「三宝荒神」といわれる竈神をお祭りし、火の恵みと共に防火の神を大切にしました。

私も修行で薪割りをし、竈でご飯を炊いた経験がありますが、大変な労力が必要であることを実感しました。

昔は、日常の朝ご飯の準備も、早朝から皆で協力して行ったものです。

そして、「始めチョロチョロ……」の歌の如く、火加減を調整しながら美味しく炊くコツを、各家庭で代々伝授していました。

また、台所は、「お勝手」ともいわれるように、八百屋や魚屋などの御用聞きが勝手口から出入りして、その日の注文を取りに来ていました。


今は、名称も「キッチン」と西洋風になり、家電による機械化が進んで短時間で調理ができ、食器洗浄機まである有り難い世の中になりました。

しかし、どんなに機械化されても、竈で炊いたご飯の美味しさにはかなわないため、今では竈で炊くご飯は贅沢品になっています。


一昔前に「お袋の味」は「袋の味」になった、と言った人がいましたが、便利なレトルト食品や冷凍食品、フリーズドライ食品が開発され、確かに忙しい現代人や災害時などは恩恵を受けていますが、やはり何か寂しい感もあります。

一度でも良いので、薪割りから火を興して一連の調理方法を経験すると、食に対する有り難さや価値観が変わり、食文化の原点に触れることができると思います。

その一連の流れを知れば、昔話のお爺さんが「山へ柴刈りに行った」のは、薪になる枝を集め燃料にするためだったこともわかります。

台所には、そこで調理する物が家族の健康の源であり、まさに「命の薬局」であるという深い意味合いを感じます。

現代の、便利になった火や電気やガスの有り難さを再認識し、大自然の恵みや日々食事を作って下さる人、また携わる全ての人々に感謝して、美味しく食事を戴きたいと思います。

### 〈大黒柱〉

家の中心となる大黒柱は、一昔前までは、どの家にも存在していました。

その語源は、飛鳥時代から平安時代の都の建物、朝堂院の正殿「大極殿（だいごくてん）」の柱を「大極殿柱」といったことから、「大極柱」になったとされています。

また室町時代には、縁起が良い恵比寿大黒天の大黒様が、富を司る神として家々に祭られ、その大黒天に因み「大黒柱」になったともいわれています。

古来より、大黒柱は、日本民家の中央にある最も太い柱であり、別の意味では、家族や国などの集団の中心となり、それを支える人物、もしくは、その家の主人のことを指します。


現代は、マンションのような洋式の生活スタイルが浸透したため、和室や床の間、そして大黒柱がない建物が増えました。

そして、お父さんのことを称する「一家の大黒柱」という言葉も、ほとんど使われなくなりました。

ここ五十年の内に、五百年以上前からあった大黒柱が家の中からなくなりつつあるのは、大家族が崩壊し、核家族が急増したことも要因だと思われます。


昔は、大黒柱のある部屋は、家の中心の一番立派な部屋で、家族といえども襟を正して入る部屋でした。こうした貴賓室ともいえる部屋は、必ずどの家にもあったものです。

お父さんから小言や注意を受けるときには、その部屋に呼ばれ、正座してきちんと聞かなければなりませんでした。

近頃の小学生に、「地震・雷・火事・親父」と言うと、「なぜ親父が入っているのですか？」という質問をされます。今のお父さんは優しいので、子供から見て怖い対象ではないそうです。時代が変わったのだと実感しました。


神社においても、伊勢神宮のご正殿の中央部分の床下には、神殿成立以前の神籬（ひもろぎ）を形象化した「心御柱（しんのみはしら）」があり、神が宿る柱とされ神聖視されています。

また、諏訪大社の七年に一度の御柱祭（おんばしら）の御柱なども、単なる物にとどまらず、天と地を結びこの地の安泰を願い奉献されるもので、神聖性と精神性に重きをおいたシンボルとされています。


大黒柱のある家は全国各地にありますが、特に、山蔭神道の総本山・貴嶺宮（きれいぐう）のある三河地方では顕著です。

徳川家康の出身地ということもあり、腕のいい大工が集まり、縁起を担ぐ武将の家々に大黒柱を使った建物が多くできたそうです。

先述の、家を建てるときの上棟式には、家族が団結するように大黒柱（父）を置いて、柱を建て、それに紅白の布を巻くことで神聖視し、縁起を担ぎます。建築の構造上からも、大黒柱によって台風や地震にも強くなり、屋根が支えられるので、家自体が丈夫で長持ちするそうです。

大黒柱の主な材料の欅（けやき）は、硬質であることから、ノミや鉋（かんな）などの大工道具が壊れることもあり、寸法が狂い易く、高い加工技術が必要だそうです。

また、玉杢（たまもく）（玉目）と呼ばれる、渦状の丸くて美しい木目があるものが良いとされて、赤みがかったものが好まれ、五年から十年間寝かせてから使用する、といったこだわりもあったそうです。

伝統的な大黒柱とともに、古き良き時代の「親父（おやじ）」の復権を願い、私達も家庭の中で尊敬される「大黒柱」となることを目指したいものです。

〈庭　木〉

家に家相があるように、庭木を植える場所にも、方位によって吉凶があります。

草木が身体に与える影響は大で、私達は草木の発生する根源的エネルギーを日々受けています。

その「吉凶」の事例を列記しますと、

【吉となる樹木】

東…桜、梅（門前は厳禁）、竹

西…梔子（くちなし）、楡（にれ）、松柏（しょうはく）

南…松、梅、桐、竹（いずれも繁りすぎは凶）、落葉樹（夏は涼しく冬は光が入る）

北…常緑樹（大樹が吉）、竹（防風林）

東北…竹、柊（ひいらぎ）、柳（家屋に接すは凶）

東南…梅（林は凶）、なつめ、紫陽花、竹
南西…梅、なつめ、竹、木犀（もくせい）、芝生や低草木は吉、大樹は健康運に凶
西北…松柏、竹、常緑樹

【凶となる樹木】
東…梨、白色や黄色の花
西…榎（えのき）、赤の花
南…白色の花
北…赤色の花
東北…橙（だいだい）
東南…梅林、白もしくは黄色の花、柳、ソテツ、楠（くすのき）
南西…楠、榎
西北…赤色の花

そして、樹木自体にも「陰と陽」があります。

【陽の樹木】心を陽気にさせる樹木（家庭には良い）
松柏、竹、つつじ、さつき、桜、なつめ、木犀（もくせい）、ねむの木、あおぎり、あららぎ、梔子（くちなし）、柳、紫陽花、菊、蘭、牡丹

【陰の樹木】心を穏やかに保つ樹木。学校や図書館、公共施設、寺社仏閣には良い
銀杏、ぼけ、楠、もみ、梨、ぶどう、ソテツ、しゅろ、さるすべりなど

「陽木」の代表は桜で、お花見は人の心を陽気にさせ、心躍らせて和氣藹々とさせます。

一方、「陰木」の代表は銀杏で、東京大学のシンボルである銀杏並木は、心静かに学問に専念するためだと聞いたことがあります。

また、神社仏閣では、坐禅や瞑想などで心を修養するため、陰木の銀杏が植えられています。

陰木とされる多くの果実系樹木は、昔から外来種が多く、鳥や虫が飛来して

枯れやすいため、一般家庭の庭木には適していないとされてきました。

江戸時代までの武家では、男の子が生まれると「欅」、女の子が生まれると「桐」を植えよといわれ、「欅」はお城の柱に、「桐」は嫁入りの桐箪笥にする習わしでした。

昔から「桜切る馬鹿、梅切らぬ馬鹿」といい、樹木によって剪定してよいもの、剪定を間違えると枯れてしまうものがあることを表した言葉があります。

それから、季節の変わり目である、年に四回の「土用」の時期は、「氣」が転換し、強力な作用が出るので、樹木の掘削などは避けた方が良いでしょう。

このように、方位によって植樹する庭木の吉凶は、日本人が伝えてきた先人の叡智の結晶です。

人は、樹木や草花を見ると心が和みますので、目にも心にも良いといえます。

また、樹木は空気を清浄にし、場を清める力もあります。

昔、父から金魚を例えに、こう教えられました。

「金魚は蒸留水では死んでしまう。生物、植物、鉱物がなければ生きることができない。昔から『水清ければ魚住まず』といい、この三つのバランスが大切である」

よって、庭にも鉱物は大事であるが、庭石や敷石を沢山置きすぎると、陰が強くなり凶相となります。

庭がないご家庭には、観葉植物や盆栽などを置いて、空間のバランスを取ることをお勧めします。

喧騒の現代社会ですが、たまには庭の樹木を眺めながら、家族や気の許せる仲間とお茶を飲み、語らいのときを過ごしたいものです。

## 平成二十八年二月五日　節分祭直会での話

皆さん、こんばんは。埼玉県にある上福岡齋宮の、佐々木望鳳馨と申します。

この度は、皆さんの貴重なお時間を頂き、少しお話しさせていただくことを光栄に思います。

先ず、この席の中で幸田町の地元からおみえの方は手を挙げて下さい。ありがとうございます。大半の方は、地元以外ということになりますね。

ここにみえた方は、色々な用事があっても、この貴嶺宮（きれいぐう）の「節分大祭」にどうしてもお参りしたいと思い、「直会」まで出席なさる方ばかりですね。ただ右足と左足交互に出していたらここに着いた、という方はいらっしゃらないでしょう。

極端な話ですが、氣持ち的には、玄関から一歩外に出たときから、もうそこはすでに「貴嶺宮」の参道なのです。その参道が長ければ長いだけ、有り難みが増します。

今は文明社会ですので、新幹線や車でお越しになる方が大半かと思いますが、その中で、一番お金や時間もかかって疲れる方法が「徒歩」です。

つい百五十年前までは「箱根の山も水盃」といって、旅は命がけでした。「伊勢参りは一生に一度」などといわれる所以もそこにありますし、当然、全て徒歩でした。

だから、昔の人は信仰の度合いが違います。

また、ここにいることは、自分の自由意志だと誰しもが思っておりますが、神様からの見えない「招待券」を戴いているから参拝に来られたのだと深く感じて下さい。そして、平成二十八年の「節分大祭」に参列できたことを、神様、ご先祖様のお導きと感謝して下さい。

この「直会」は、相嘗（あいなむ）るの意味で、それがなまり、ナオライに転じました。神と人が共に食事をし、これがお開きになって初めて神事全般が納められます。

私が、平成十二年にここ貴嶺宮で百ヵ日行をしていた際、先代の山蔭先生が「断食のときも食卓には同席しろ」と仰いました。

神様は、お供え物を食べずに「聞こし召し」ます。

お香の「香道」では、お香を「きく」といい、お酒も「きき酒」のように「きく」といいます。そしてたとえ食べなくても、祝詞の文言にもあるように臭覚と視覚で「聞こし召せ」という教えがあります。

「神人和楽」と申します通り、神様に上がったお供物は、下ろした後に召し上がって、神様のエネルギーを肌と舌で感じて下さい。

新年元旦には、日の丸を揚げました。

一昨年、ある神社の祭典後にお話する機会があったとき、「この中で、ご自分の家に『日の丸』国旗がある方、また、旗日祝日に掲げている方は手を挙げて下さい」とお願いしたところ、数人の方がきょとんとなさって、「何で国旗を掲げないといけないのだろう」という顔をされておりました。

今、家がマンションだからとか、隣近所も掲げていないからとか、色々な理由で掲げていない方が大半ですが、その行為自体に「罪悪感がない」ことが一番おかしいと思います。

山蔭先生は、玄関先などに「日の丸」を掲げられない方には、よく、テレビの上など卓上の「日の丸」を奨めておりました。常に目に付く所に置くことにより、「国旗」を潜在意識に入れる目的があったのだと思います。

祝日に関しましても、例えば、成人式は十五日にやることに意味があるにもかかわらず、「ハッピーマンデー」が始まり、祝日の意味が崩れつつあります。「十五」はお祝いや区切りという意味で、元服は十五歳と決まっておりました。

最近、国際化といいますが、山蔭神道の信者である前に「日本人」であることを自覚して欲しいと思います。

本日の浄炎祭などの一連の諸行事は、まさしく古式ゆかしく、日本人であることを自覚させて戴ける、貴重な祭祀であります。

また、元旦の「初日の出」も、その日だけ特別なお天道様が昇るわけではありません。普通の日の出と同じですが、人の考え方、とらえ方次第で変わります。「初日の出」として手を合わせ、今年一年が恙（つつが）なく暮らせますようにと願いを込めることによって、特別な「日の出」になるわけでございます。

とらえ方というのは、面白いものでございますが、生前「立川談志」の小咄（こばなし）

に、身体の具合が悪かったので、医者に行って診てもらったら、「これは酒のせいですな」と言われ、それを聞いた談志は、ほっとして「あ、良かった。俺のせいじゃなくて」という落語がありました。

これを聞いて凄いなと思いました。

今日は皆さん、節分祭で色々なご祈願をされたことでしょう。

おわかりかとも思いますが、先ずは、神社でお参りするときは、神様へ「いつもお守りいただきありがとうございます」と心の中で謙虚に感謝を述べた後に、お力添えを戴けるようにご祈願する、というのが正しい順序であります。

ご祈願は、神様に丸投げでは絶対叶いません。「身体健全」を祈願したからといって、ご自分が好き勝手やっていて、ちっとも努力しなければ病気になってしまいます。

「合格祈願」は最たるもの。勉強しなくては何にもなりませんよ。

私の齋宮でも、祈願する方の大半は、お礼のお参りをなさいません。受験も、受かってしまえば俺の実力、としか考えないのかもしれません。

ここで、もう一歩進んで考えていただきたいのは、「目的意識」です。なぜ『身体健全』を祈願したのか？

健康でいれば何もいらないという人もいるかと思いますが、「○○を成し遂げたいから今年一年健康でいたい」とか、『合格祈願』では、「将来○○になりたいから○○大学に入学したい」と思えるように、目的意識や将来のビジョンを具体的に考えるだけの余裕があれば、努力のしがいもあり、人生設計も面白くなるでしょう。

この中で、人生思い通りになっている方がいらっしゃったら、あやかりたいので手を挙げて下さい。

大半の方は、思い通りにならないからこそ、それに一歩でも近づこうと努力するのです。

「もっと金持ちに生まれたかった」「もっと格好良く生まれたかった」などの無い物ねだりをあきらめて、現状を肯定しながらも努力を惜しまないで下さい。

日本人は、神社でお参りすることを、宗教ではなく、日常の一部、つまり「日本人としての正しい生き方から外れていないか?」と、自分の心を映す「鏡」のような存在と考えています。

また、「時は金なり」といいます。一日は二十四時間ですね。それを秒にすると八万六千四百秒です。それを「円」にすると八万六千四百円です。それも明日に繰り越しできないのです。

それだけ皆さんには、毎日与えられているのです。その使い方の積み重ねが人生そのものです。

いくら神信心が大事だからといって、何時間も坐れば良いということではありません。お行をされている方でもせいぜい一時間半ですよね。残りの時間は、日常生活を精一杯努力するしかないのです。

よく「修行、修行」という方がいらっしゃいますが、それぞれご自分の置かれた立場で日常生活を全うする、これが一番の修行ですよ。

昔から「神は、その人に必要なことを与え給ふ」といいます。

起こってしまった問題は解決するためにありますし、自分に乗り越えられる恩寵的試練だからこそ、与えられているんだと思って下さい。

武田信玄の言葉として伝えられているものに、「一生懸命やれば知慧が出る。中途半端にやれば愚痴が出る。いい加減ならいいわけばかり」とあります。出来る限り、人事を尽くして天命を待って下さい。

そうすれば、鎌倉時代の『貞永式目』の冒頭にある「神は人の敬により威を増し　人は神の徳により運を添ふ」という言葉通りになります。

例えば、苗を田圃に植えることは神様にはできず、人の役割です。

またその後、植えた苗を稔らすのは神様の役割というように、神様と人は役割が違うのです。

ところで、この中に、何かに迷っていらっしゃる方がおいでかと思います。

あるキリスト教の牧師さんが、こんなことを仰っていました。

「どっちでもいいから迷うんだ」と。

例えば、食堂で「天ぷら定食」にしようか「天丼」にしようか迷う、などがそうでしょう。甲乙つけがたいときに迷いますね。

また、運命を良くしたいと思えば、何事にも感謝です。

数年前に亡くなった小林正観さんは、「そわか」といってます。

「そ」は掃除です。

皆さん「貴嶺宮」に参拝の前や遠方にお出かけの前、もしかしたら二度と帰って来れないかもしれないと思ったら、きちんと「掃除」や「整理整頓」をしてから外出しますよね。


「わ」は、「笑い」です。

いいことがあるから「笑う」のは当たり前で、「笑っているからこそ、いいことがある」と逆転の発想で考えると、喜びも増えるかもしれません。

古い天の岩戸開きの歌に、

「天の原　ゆり動かして　弥栄の　一笑いにぞ　世は明けにけり」

というものがあります。

笑いはお祓いとはよく言ったもの。笑う門には福来たるです。

また、神社には、「注連縄(しめなわ)」が張り巡らされております。これは、「わら」でできています。

古代の方々は凄かったのですね。「藁」を縄にして巻くと、俗世間と聖域との結界になるとか、物が腐りにくいことを知っていたのでしょう。

また、その「縄目模様」自体にも「霊力」や「清浄」を保つ働きがあるとして、縄文式土器の模様になっています。最近は、この「注連縄」が「遺伝子」の形に似ているとまでいわれてきてます。

「か」は、感謝です。今日貴嶺宮に参拝できたことに感謝して下さい。家で待ってくださっている方にも感謝です。

快く送り出していただいたご家庭も、そうでない方も、どちらにしても感謝して下さい。家で留守を守ってくれている方がいらっしゃるから参拝できたのです。また、夫婦や家族で来られたことは素晴らしく、もちろん感謝すべきですし、たとえご自身が病気がちであったとしても、参拝できたことに感謝して下さい。

そうすればきっとご加護も倍増すると思いますし、努力してこそご祈願も威力が増すと思います。

最後に、今年は「申」年ですね。

皆様方が、今年一年、悪いことは「見ざる」「聞かざる」「言わざる」で、良いこと尽くめで、また来年、多くの参拝者の皆様にお目にかかれますことを御祈念いたしまして、初笑いで締めたいと思います。

「明るくなければ人生じゃない。笑え。わはは……」

ご静聴ありがとうございます。

# 第四章　父・將人からの伝聞

『合気道探求 39 号』の取材の際撮影　遺影となる

## 「勉強します」

この言葉には、大きく二つの意味があります。

一つは「学習する」とほぼ同義です。

もう一つの意味は、馴染みのない方も多いでしょう。商店などで「値引きする」という意味に使われます。

なぜ「勉強する」が「値引き」を意味するのでしょう？

それには、「勉強」という文字の意味を、改めて考えてみなくてはなりません。

「学習する」という方の意味は、この「勉強」という文字から当然のように連想されます。

しかし、「勉強」という言葉を分解すれば、「勉める」「強いる」になります。

漢語的に解釈するなら、「勉強」とは「強いて勉める」という意味となり、いわば「無理をして努力する」という言葉なのだということがわかります。

いつの世も、勉学には努力が必要だったということでしょうか（笑）。

では、「値引き」の意味の方はどうでしょう。

これも、本来の「無理をして努力する」という意味から派生しています。

商人が値引きするということ。それは、利幅が減ることです。

すなわち、できるならしたくはないが、買ってもらうために「強いて」「勉めて」値引きをするのですね。たいていの場合「お客様だけに特別に」などの枕言葉付きで。


ここまで、真っ当に国語学的アプローチをしてみましたが、ついでに「学習」についても考えてみます。

「学習」は「学び」「習う」ことです。

「学ぶ」は、「まねぶ（真似ぶ）」を語源としています。つまり、真似をすることから学習は始まったのですね。

「習う」の方はどうでしょうか。

「ならう」には、現在「習う」「倣う」の別の字が充てられていますが、本来は同じ言葉であったと考えられます。

すなわち「習う」の方も「倣う」＝「模倣する、真似をする」という意味に行き着くのです。


かつて勉学は、ごく一部の人々のものでした。当然、学ぶ意志が前提にあり、それぞれ自ら学ぼうと努力したわけです。

その頃は、整った教科書のようなものはなく、古典を繰り返し暗誦するなどが主な学習内容でした。

教える方は、「この文章が何を意味するか」などと丁寧に解説してくれるわけでもなく、繰り返し読む中から何かをつかみ取る、あるいは、良い文章の何たるかを体得していくのです。

職人の世界などでも、手取り足取り、技を伝授してくれるわけではないと聞きます。技は教わるのではなく、見よう見まねで模倣する中で、盗むものなのです。

「門前の小僧習わぬ経を読む」という言葉も、こうした例でしょう。

「習」わなくても「倣う」うちに、自ずと身に付くのです。

これが、本来の意味の「学習」です。


現代では、「学習」も様変わりしました。

義務教育の普及により、学習する側の意志は考慮されなくなりました。

「教育」という言葉が意味するように、こちらの意志とは関わりなく「教え」「育」まれるのです。

そして、学習するために、必死で真似る必要はなくなりました。整った教材やテキストで、知識も技能も与えてもらえます。

その結果、我々は見習う（見倣う）ことをしなくなりました。

学校や書面の上での学習段階では、確かに与えられる知識で間に合います。

現在の教育システムは実に効率的に、多くの人間に知識を与えることができます。

けれども、現実の社会では、まだまだ本来の意味の「学習」（真似び倣うこと）が必要に思われます。

そのこともきちんと「教育」した上で、子供達を社会に出して欲しいものです。

## 十五の不思議

「成人の日」というと、以前は一月十五日でありましたが、現在はハッピーマンデーとして日付が流動的になり、何となくしっくり来ない感があります。

「十五」という数字はお祝いの数で、ひと区切りという意味もあるそうです。

成人の日、敬老の日など、昔はお祝いの日でありました。

神道においても、一日と十五日を一つの節目としてとらえることが多くあります。また、お酒の度数も十五度であり、古来より、元服式も十五歳で行われていました。

「十五」を吉とするのは、元々中国から伝来されたものと思われており、「統一数霊盤」「魔法陣」という配列も吉を表しています。

その配列は、縦・横・斜めに並んだ数字をそれぞれ合わせると、どの配列も

| 2 | 9 | 4 |
|---|---|---|
| 7 | 5 | 3 |
| 6 | 1 | 8 |

「十五」になる図形で、横の配列は、上段「二九四」中段「七五三」下段「六一八」であります。

この配列には神秘性があると信じられ、今でも天文や運命をこれに当てはめる不思議な数列なのです。

また、鎌倉幕府の執権は十五代、室町幕府の将軍は十五代、江戸幕府の将軍は十五代で、自民党総裁は十五代（宮澤喜一氏）以後、政権交代等の区切りがあります。

まことに「十五」という数字には、不思議なバイオリズムがあります。

節目節目を意識しながら、互いに道を求め、更に充実した日々を過ごしてまいりたいものです。

# お盆

元々、お盆の七月から八月は、一年に一回故郷で過ごし、先祖を慰霊顕彰するものです。

家族親族が集まって、先祖あっての己という存在を自覚し、祖先に日々の感謝の誠を捧げる行事として、古くから伝えられています。

皆様は、どのようにお盆をお迎えでしょうか。

父・将人がよく講演で、

「三十一代前の先祖の数は、二十一億四千七百四十八万三千六百四十八人であり、一人でも欠けていれば、今、こうして我がいない。我とは、自分一人だけの存在ではない」と、生きることの意義や存在価値、また先祖供養の重要性を説いていたのを思い出します。

父曰く、「盆」は、「皿」を「分」けると書くことから、その期間は先祖と寝食を共にして、皿を同じくして分かち合い、自分や家族が今生かされていることに感謝する行事でもあるとのことでした。

父の『なるほど人生訓』に、「子育ては自然の道　親孝行は人の道」とあり、子育てを放棄した人間は動物以下ということになります。

また、「壱万円札に、なぜ『雉(きじ)』が描かれているか知っているか？　それは、雉が国鳥であり、その姿が優美で力強いのもさることながら、山火事の火が巣に迫っても巣から去ろうとせず、卵やヒナを守るという、母性愛の象徴として称えられて国鳥になったのだ」と、父から教わりました。

ご両親が既に他界されている方は、先祖供養を。
ご健在の方は、親孝行を。
昔から、「親孝行」と「火の用心」は灰になる前に、と申します。

## ご縁を活かしたおもてなし

『小才は縁に逢って縁に気づかず、中才は縁に逢って縁を活かさず、大才は袖触れ合う他生の縁もこれを活かす』

これは徳川将軍家の兵法指南役だった柳生宗矩（やぎゅうむねのり）（柳生新陰流）の言葉だそうです。

その意味は、「小才はどんなに素晴らしい縁＝チャンスに巡り合っても、それと気づかないし、中才は、たとえ、そうしたチャンスに気がついたとしても、それを十分に活かすことができない。大才は、どんなに小さなチャンスでも、それを見逃さず、最大限に活かしていくことができる」とされています。

また、「小才はご縁の大切さを理解せず、中才はご縁を無駄にし、大才はどんな小さなご縁も大切にして、それを活かす」とも解釈できます。

「袖触れ合うも、他生の縁」とは、袖が触れ合うようなちょっとしたことも、深い因縁によって起こるのだといえるからです。

それを活かすも殺すも、全て「ご縁」に対する「時・処・位」の考え方と処し方一つです。

戦国時代、秀吉は浅井・朝倉攻めの功績により、北近江の領地を主君・織田信長から賜り、今浜という地名を長浜に代えて、長浜城の主となりました。

あるとき、秀吉は鷹狩の帰り道に喉が渇き、家来は茶の飲める処をあちこち探しました。すると、林の外れに小さな観音寺というお寺があったので、そこへ秀吉を案内しました。

「頼もう。お茶を一杯所望したい」

応対したのは、十二、三歳になる佐吉（のちの石田三成）という少年でした。

秀吉は、真っ赤な顔でハアハア言っており、佐吉は、

「お待ち下さいませ」と言って奥へ入りました。

佐吉が、大きめの茶碗にぬるめのお茶を八分目ほど入れ差し出すと、秀吉はゴクゴクと一気に飲み干し、あまりの美味しさに、

「うーん、更にもう一杯所望したい」と言いました。

そこで、佐吉は先ほどよりも少し熱めのお茶を、同じ茶碗の半分程度入れて差し出したところ、秀吉は、それも一気にグッグッグッーと、一滴も残さずに飲み干したそうです。

さすがの秀吉も、

「なかなかの小僧だわい。俺が欲しいものをピタリピタリ持ってくるぞ。もし三杯目を所望したら、こやつ何を持ってくるだろう」と思い、

「もう一杯、所望したい」と言いました。

すると佐吉は、今度は小ぶりの湯のみに、熱くて濃いお茶を七分目ほど入れて秀吉に差し出したところ、秀吉は大いに満足しました。

そして、佐吉の気働きに感心した秀吉は、お寺の住職に頼み込み、佐吉を自らの家臣として抱えたのです。

これが、秀吉と三成の初めての出会いでした。

この逸話は「三献の茶」、または「三椀の才」ともいわれ、人間心理を上手く読んだ石田三成の見事なおもてなしであり、ホスピタリティーともいえます。

ご縁を活かして、秀吉自身も信長の信頼を得て天下人まで立身出世しましたが、関ヶ原の西軍を指揮した武将にまで出世した三成の原点も、このようなちょっとしたご縁でありました。

皆様がこの山蔭神道に神縁を戴いたのも、何かのお導きやも知れません。おもてなしの心で、この出会いをお大切に。

## 他人の悪口を言わない

父に良くないことを言うと、必ず「聞きたくねえ！」といって叱責されました。

「講釈師、見てきたような嘘をつく」と言われそうですが、昔、奥田敬和（けいわ）氏がまだ新米議員だった頃、田中角栄氏に向かって、「どうしたら先生みたいになれますか」と質問したところ、田中氏はからから笑いながら、

「君！　他人の悪口を言わないことだよ」と答えたというエピソードがあります。

そして、

「もし悪口を言いたければ、便所で独りになって言え。自分が悪口を言われたら気にするな」といって嗜めました。

このような教えを実践したかは定かではありませんが、後年、奥田氏は経世会の七奉行に数えられ、議員十期を務め、郵政大臣、国家公安委員長、自治大臣、運輸大臣を歴任するほどに出世しました。

田中角栄氏は、ロッキード事件以降、いくら攻撃されても、個人を名指しで批判したことがほとんどありません。

多くの人間の力を借りる仕事を続けてきた、体験的処世術です。

愚痴をこぼすこと自体、上を向いて唾を吐くことと同じです。

それでも愚痴りたいときは人間誰しもありますし、仕方のないことですが、そのときは相手と場所を徹底的に厳選すべきでしょう。

この名言は、言葉に霊力が宿る、日本古来の伝聞の「言霊」にも間違いなく通じます。

「絶対に人の悪口を言ったり、人前で弱音を吐かない」ことが運命を好転させ、人を惹きつけ、人がついてくる魅力なのではないでしょうか。

## 一九会

父・將人は、『一九会』を、

「私が私を私にする道場である。この一言に尽きるが、人生をいかに生きるかの、閃きの場でもある。また、人は過去の体験と共に、現実の事象を判断するが、故に、人生の苦楽を計る物差しともなる」と評しています。

父自身の修行道場としていた『一九会』とは、元々は、禊教（みそぎきょう）の創始者　井上正鐵（まさがね）の神道式の呼吸法を受け継いで修行した山岡鉄舟の、最後の内弟子・小倉鉄樹が、山岡道場で行っていた修行です。

そして、それがそのまま受け継がれ、厳しい『古道場』の姿を今に伝えています。

鉄舟の命日七月一九日に因んで道場名を『一九会』とし、同志が集い、なお一層の精彩を加えて、清貧・自足に徹し、ひたすら修行一筋の道を守り続けています。

また、「一九会道場は、坐禅と禊の呼吸法を実行することにより、自己の根源に接し、天地と一枚の心地を会得せしめ、菩薩の行を修することを目的としている」とされております。

修行をすることで雑念妄念が吹き飛び、行を肌で感じ、生在るものは必ず死す定めの直線的な流れの中で、螺旋状の生命の深さを体感します。

一九会の修行によって、生きる原点を垣間見ることができるやもしれません。

『一九会』の道場には、先輩達が心の拠所(きょしょ)としてきた、禊修行の心得ともいうべき『垂示(すいじ)』が掲げられています。

吾が是の美曾岐（みそぎ）は生死脱得の修行なれば、勇猛心を奮起し
喪身失命を避けず、一声一声正（まさ）に吐血の思をなして喝破すべし
苟（いやしく）も左顧右眄（さこうべん）
徒（いたずら）に嬌音（きょうおん）を弄（ろう）して
他の清衆の修行を妨ぐること勿（なか）れ　至嘱（ししょく）々々

## 縁

小才は縁に触れても縁に気づかず
中才は縁に気づいて縁を活かさず
大才は袖すりあう縁をも活かす

前述もしましたが、これは、徳川剣術指南の『柳生家々訓』で、古来より武道の極意は「姿勢」と「間合」にあり、人と人との「縁」もその間合に匹敵するのです。

凡人でも知恵や能力などの才を磨くために、己の怠惰に打ち勝ち、自己研鑽に励みます。

達人である大才になると、襲ってきた敵をも殺さず、己と敵を共に生かす活路を見出します。それが、柳生の剣が「殺人剣」ではなく「活人剣」といわれる所以です。

その「縁」の読み方と意味は、五通りあります。

「えにし」…「運命の赤い糸」などと表されますが、運命という見えないものによって決められたもの。

また、将来において関係が持たれることが予定される場合や、現在の関係が、出会う以前から決まっていたという考え。

「えん」…現在只今において関係を持っている場合。

「ゆかり」…自分が生まれる前の先祖からの関係。また過去に関係があったという場合。

「ふち」…額縁のように周りを固めてしっかり繋ぎとめる。またその箇所。

「よすが」…身や心のより処とすること。

人それぞれ誰もが生きていく過程で、「縁」は欠かせないものであり、お互いに人生に活かしたいものです。

人の世は　縁の糸のからみ合い　たぐる幸せ　また不幸せ　（乾舟作）

## 所作一つで見抜かれる

父は例え話として、安土桃山時代の人物、可児才蔵（かにさいぞう）の話をしてくれました。その一節を要約し、ご紹介します。

秀吉の家臣にして豪勇だった福島正則の所へ、ある軍学者が、「兵学を指南する者だが、採用して欲しい」と申し込んできました。そこで、正則が側近の可児才蔵に相談すると、才蔵は、

「私は、あるとき、あの男と一緒にご飯を戴きましたが、彼は自分でお茶碗に山盛りによそっておきながら、それを食べ残しました。戦争は、大軍を向こうに回して、勝算のある綿密な作戦計画を立案しなければならず、多岐に亘って先見の明が必要です。一回の食事の分量さえ計ることのできない者に、大事な軍学など教えられるはずがありません」と答えたので、正則は頷き、「断れ！」と命じたということです。

才蔵の目の付け所も納得できますが、正則の即断も当然のことでしょう。軍学者が一椀の食事の計画もできないなどとは、もってのほかです。

以前、農業問題担当の国会議員が父を訪ねて来て会食した際、その議員が茶碗のご飯粒を数粒残したのを見た父は、
「茶碗にご飯を残す者が、農業問題なんか解決できるか！」と一喝したことがありました。

普段の何気ない所作で、人は見抜かれてしまいます。

「習慣は第二の天性」といわれますが、お互いに注意して生活したいものです。

## 花見酒

桜の季節になると、父がよく話していた落語の一席『花見酒』を思い出します。

あらすじはこうです。


「あるところに、酒好きの男が二人いた。花見の季節に、ふと酒を飲みたいと思ったがお金がない。

そこで、酒屋の番頭に無理を言い、三升の酒を借りて花見の場所へ行った。花見の客に酒を売り、儲けた金で改めて一杯やろうという話になったのだ。

二人で樽を担いで歩いていると、どうも酒の匂いにやられて、後ろの担ぎ手が一杯飲みたくなってしまった。

そして、ついに我慢しきれず、懐から一〇銭を取り出してもう一方の男に支払い、グビリと一杯いく。

すると、金をもらった方もたまらなくなって、もらったばかりの一〇銭を相方に手渡して、グビリといく。

それを繰り返しているうちに、酒樽の中身は空っぽになってしまったとさ」

江戸時代の簡単な落語ですが、奥が深く、その考えは、経済学者フィッシャーの交換方程式（一度に支払ったお金が、支払いを受けた人が別の支払いに使うまでの間隔）にまで発展できるそうです。

落語といえども馬鹿にできず、見事に現代社会を風刺しています。

更に、よく父は、

「財は人脈なり。お金は寂しがり屋だから、人の懐に入って人と共に活動する。財を持たなくても、人をどれだけ知っているかで金持ちにもなれる。また、お金は巡回してこそ役に立つ。だから通貨（通過）という」との落ちで締めくくっていました。

## 月と日と雷

父が講演の合間に、『月日の経つのは早いな』の小噺をしておりました。

「昔々、あるところに月と太陽と雷が集まりまして、一緒に旅行に出かけることになりました。

一晩宿屋に泊まりまして、雷が目を覚ましますと、連れの月と太陽の姿が見あたりません。

宿屋のご主人に、

『すみません、月と太陽はどこへ行きましたか？』とたずねますと、

『ああ、お連れさんでしたら、もうとっくにお発ちになられましたよ』とのこと。

『ああほんに、月日の発（経）つのは早いなあ』

『ところで雷さん、あなたはいつお発ちですか？』

『はい私は、夕立ちです』」

また、父は、
「一歳が二歳になる月日の早さは、その過去の倍。八〇歳が八一歳になるのは過去の八〇分の一。だから、それだけ年を取ると、月日の流れは早くなるのである」と言っておりました。

## 時

さて、父は、色紙や日めくりカレンダーの二日目に、「時」と書いています。
そこには、「時は命にして医者。時は歴史にして哲学。時は神にして悟りの親」とあります。

〈時は命にして医者〉

病氣や怪我で、一刻を争う「時」、それが医者となります。

生前父は、数多くの色紙を書き残し、各地で講演しました。

講演や色紙の言葉が、人々に勇気と感動を与え、時にはそれが処方薬となり、医者のように人助けをしたこともありました。

その人が必要な時に必要な言葉をもらうと、「内なるもう一人の自己」が感応して人生が開け、運勢が良くなります。

「自殺をとどまり、命拾いしました」と連絡を戴いたこともありました。


そこで、シュバイツアーの言葉を思い出します。

それは、「どんな人の中にも内なるドクターがいる。しかし、彼らはそれを知らずに医者を訪れる」です。

自己の中に秘められた自然治癒力を信じ、免疫を高めることが先ず大事だと言っていることは、「時は命にして医者」に通ずると思います。

## 〈時は歴史にして哲学〉

歴史は、哲学であります。

哲学とは、

「我とは何ぞや」

「生きるとは何ぞや」

「言葉とは何ぞや」

という本質を考え、追求する学問であります。


歴史は、単なる時間的経過や事実だけではなく、物ごとの本質を明らかにし、哲学的に考えることで、物ごとの核心をとらえることができます。

例えば、「板垣死すとも自由は死せず」なども、歴史を哲学からみた一面でありましょう。

## 〈時は神にして悟りの親〉

「時が経たないと……」ということは数多くあります。

時が経てば解決することもあります。

時が経てば理解できることもあります。

その究極が悟りではないでしょうか。

道元の「只管打坐（しかんたざ）」の教えのように、「ただひたすらに坐る」「何事もとらわれず、理屈抜きに時も忘れ、坐ることになりきること」により得られます。

身体と心が、一体となることです。

心を空にすると、一瞬で悟りが開けることがあるといわれています。

この「時」には、

「道は遠くにあるものに非ず。近きにあり。現在、他力本願になりがちな世の中において、自己の中に秘められた、もう一人の自己の霊性の向上に努めよ！」という深い暗号が内在しているように思えてなりません。

どうか一日一日の「時」を大切にしてお過ごし下さい。

## 昭和天皇御陵

四月二十九日は、昭和天皇の誕生日。

我が家では事ある毎に、八王子の武蔵陵（昭和天皇陵）に家族で参拝しております。

歌人中村草田男（くさたお）の歌に、

「降る雪や　明治は　遠くなりにけり」がありますが、元号が「昭和」から「平成」になり、さらに「令和」になりました。

漢字の「廿（にじゅう）」は十が二つです。十が三つで「世」となり、そのことから、三十年を「一世代」とすると聞いています。

改めて「昭和も　遠くなりにけり」と感慨深く思うのは、皆様も同じではないでしょうか。

昭和六十年代には、昭和天皇は病に伏せられていましたが、父・將人は昭和天皇を思い、毎日のように皇居二重橋前に記帳に伺い、病氣回復を祈っておりました。

周りの人からは、

「佐々木を見ていると菊の御紋が見える」

「佐々木が昭和天皇に殉死するかもしれないから気をつけろ」と陰で言われるほどであったと聞いております。

また、戦後は、侍従次長の木下道雄先生の影響もあり、「戦中派」の父にとって、昭和天皇は神様のような存在であったのだろうと感じました。

その父が、「昭和神宮」創建に尽力奔走していたことがありました。

建設資金や候補地の選定、他団体との軋轢（あつれき）などで、実現には至りませんでしたが、偉大なる昭和天皇を神としてお祭りし、慰霊顕彰とご遺徳を後生に伝えるべく、自ら役員となり一生懸命やっておりました。

昭和天皇には色々なエピソードがあります。

例えば、終戦後の昭和二十一年二月十六日からの全国巡幸は、陛下自らが断行されました。

それを聞いた外国人記者達は、

「敗戦国の元首が、家族を戦争で殺された国民になぶり殺しにされる瞬間をカメラに収めたい」と同行しましたが、巡幸の先々で国民が陛下に平身低頭し、涙を流してお迎えしている姿に目を疑い、驚嘆し、天皇陛下の品性人格に感服したといいます。

是非、皆様も、「武藏野御陵」(昭和天皇陵)にご参拝されることをお勧めいたします。

東京都八王子市長房町武藏陵墓地　ＪＲ高尾駅北口約一キロ
(参拝時間午前九時から午後三時三十分)

# 笑い

ある調査によると、子供は一日平均三十〜四十回ほど笑いますが、年齢を重ねるにつれて素直に笑えなくなり、十代で一日二回程度になるそうです。

大人になると、子供の二十分の一になるということですね。

皆さんは、この頃、笑っていますか？

私自身、笑う機会が少なくなっているような氣がしてなりません。

戦前・戦中派は、「沈黙は金。雄弁は銀」と言われて育ちました。

しかし、父は昭和三十年代に中村天風先生と出会い、「笑い」の重要性に氣づかされ、爾来意識して笑うようになったそうです。

父は、

「嘘でもいいから笑え」と言い、

「昔のポンプは、水が出ないときに水を入れると綺麗な水が出てきた。それと同じように、おかしくないのに笑うのは呼び水で、そのうち本当に笑いになる」と言って、自分自身の戒めのように、色紙に「笑へ」「笑顔」などと沢山墨書きしておりました。

神代の昔、天の岩戸開きの古歌に、
「天の原　ゆり動かして　弥榮の　一笑いにぞ　世は明けにけり」
とありますように、笑いは岩をも開ける霊力や祓う力があります。

花が咲くの「咲く」を「咲(わら)う」ともいい、藁「わら」は邪気を祓う故に、畳は藁床でできているそうです。
また、純粋無垢の子供を「童(わら)べ」といい、藁でできた神社の「注連縄」や「縄のれん」も邪気祓いの意味が内在している、と言っていました。

父・將人の「明るくなければ合氣じゃない。笑え！」の言葉は、今でも合氣道の稽古の最後に言うのを恒例にしておりますが、稽古人の中には、「この頃、笑うことがめっきり減りました」と言う人がいます。

合氣道でも、「笑う」と和やかになってリラックスでき、技がかかりやすくなったり、肛門が締まったり、その場所が陰から陽に転じる関係で、怪我や事故が起こらなかったりという経験があります。

普段の生活でも「笑顔」は重要です。

「笑う門に福来たる」といわれるように、顔の口角が上がると、人間関係も円滑になり、一日が楽しく過ごせます。

お互い心がけて、笑って過ごしてゆきたいものです。

## 新幹線は俺のもの

父は、我が家の修行者に、

「新幹線は俺のものだ」とホラを吹いたことがありました。

修行者は驚いて、

「金持ちですねえ」と本当に信じましたが、父は、

「そう思えば良い」と付け加えました。

「俺が本当に新幹線の所有者であれば日々大変だが、俺のものだと思って乗り、一人では勿体無いので他人も乗せてやっているんだ、と考えれば安いものだ」


タクシーにしても然り。

メーターがカチカチと上がる毎に、「いくらになるだろう」と心配するよりも、「運転手付きの車に乗っていて、その人の給料を払うのだ」と思えば、大会社の社長気分で、安いもの。

何でも、ものは考えようです。

法律的には『所有権』はありますが、現実には、この世には『使用権』しかないのです。

また、中村天風先生に、

「身体が自分のものならば年を取るな!」と言われたとき、父は、

「本当にはっとした」と後年言っていました。

自分のものである身体に対しても使用権しかなく、努力で老化を遅らせることはできても、あの世に行くときには、置いていくしかありません。

だからこそ借り物の身体を最大限に活かして生きること、また思考は人生を左右するから、ものは考えようで、積極的に前向きに生きることが幸せな人生の鍵になることを、暗い戦中戦後から脱した昭和三十年代、中村天風先生に出会って身をもって体験させられたそうです。

## 人生の三大ドラマ

父・將人は、三十代の頃に、先輩の死に直面して悩み苦しんでいたとき、防衛庁の関係で安武貞雄（やすたけさだお）先生に出会いました。そして、

「どうだ俺の親父に会ってみるか？」という問いかけに、

「はい」と答えた一言により、生涯の師と仰ぐ哲人・中村天風先生との関係が始まりました。

天風先生との出会いによりその後の人生が開けた、といっても過言ではありません。

後に父は、「人生の三大ドラマ」と称して、「出会い」「感激感動」「人生転機の節」とまとめました。

「出会い」――人生において遅かりも早かりもせず、絶好のタイミングの出会いというものがあります。

「人脈は財なり」というように、良いも悪いも「絶対積極」の気持ちで人と付き合うことにより、自身の砥石(といし)にすることです。

「感激感動」が、人生を謳歌できるか否かの鍵です。

何気ないことにでも感激感動ができると、生きていることが楽になり、楽しくなります。

情報過多の現代に生きる子供達は、「一体、何に感動するんだろう?」と心配になるくらい、物ごとに感激感動する心を持っていないように見受けられます。

それが是正できれば、いじめや自殺、ひきこもりなども減少するのではないでしょうか。

「人生転機の節」には、諸々の人生儀礼である入学、卒業、成人式、就職、退職等の節目をより良いものにして、いかに、次のステップへのカンフル剤にするかが大切です。

浪人、転職など、ピンチをチャンスに変えて前向きに対処し、将来人生を振り返ったときに、肯定できるように努力することです。

「人生の三大ドラマ」で、前向きな人生を送っていきましょう。

## 「正月」の意味私考

正月は日本人にとって、季節の行事の中で一番重要な期間です。

特に元旦は、「歳神様のお迎え」「初日の出」「一年の計は元旦にあり」等の言葉のように、昔は、最重要の日でした。

一月は月雅称(つきがしょう)で「睦月」という如く、家族親族が集まり仲睦まじく過ごし、新年を迎えられた喜びを共に祝いました。

日本は、古来より大家族主義で、戦前までは、年越しにより一歳年を重ねるという考えでしたので、家族皆で年を越せた感謝も含めて、「明けましておめでとうございます」と言うのが常識でした。

現代のように、個々人の誕生日祝いをするのは、戦後から始まったと先人から聞きました。

お正月は、町の商店街もシャッターを下ろし、元旦から三が日までは、誰もがゆっくり歳神様をお迎えしました。

今の暖衣飽食の時代と違い、昔は、正月にしか味わえないものが沢山ありました。

おせち料理、お雑煮、お年玉、はねつき、凧揚げなど楽しいことが満載で、「早く来い、来い、お正月」の歌のように、子供たちにとっては待ち遠しかったものです。

ところで、なぜ、一月の三が日を正月というのでしょう？
その由来は諸説ありますが、正月の「正」の字は、五画であることから、「神・道・君・国・民」であると父より教えられました。

つまり、
「神」から見た道・神から見た君・神から見た国・神から見た民
「道」から見た神・道から見た君・道から見た国・道から見た民
「君」から見た神・君から見た道・君から見た国・君から見た民
「国」から見た神・国から見た道・国から見た君・国から見た民
「民」から見た神・民から見た道・民から見た君・民から見た国
その五つが円滑に働いているかをじっくり考えるのが、三が日である、という意味です。

その後の一月四日は、「坊主の年始参り」といって、一般的には挨拶回りはしない日といわれておりました。

そして、七日までを「松の内」といい、それ以降に仕事や学業を始める習慣でした。


「鏡開き」は、餅を包丁や刃物で切るのは武士の切腹に繋がるとして忌み嫌ったため、木槌などで割って、縁起を担ぐために餅を「開く」と表現しました。

そして、「士」「さむらい」の字に因んで十一日になったそうです。

また、「鏡」は「歴史」を意味し、「稽古照今（けいこしょうこん）（いにしえをかんがみていまをてらす）」に通じます。


現代は、コンビニの二十四時間営業に代表されるように、生活スタイルが急変し、正月らしくなくなってきているのは寂しい限りです。

昔からの古き良き正月の過ごし方を、かんがみていきたいものですね。

## 西洋と日本の鐘

父が、フランスに行ったときに西洋の鐘を見て、日本のものとは違うと感じたそうです。

西洋人の思想は「改革、革命」で、ヨーロッパ人の革命は、教会の鐘のようなものだと思ったとのこと。

革命は、「カラン、コロン」と内側から音が出るように、中から人民によって起きます。

一方、島国の日本は、日本人同士ではなかなか改革が断行できず、「黒船」のような外圧によって、お寺の突き鐘のように、外側から「ゴーン」と叩かれて目覚めます。

これから先、色々な国際社会の外圧から、日本が目覚め、変革せざるをえない情況になるやもしれません。

また、父は、こうも付け加えました。

「お酒を飲むと出る特徴は国によって違い、
西洋人は、踊りやダンスをする。
中国人は、博奕をする。
朝鮮人は、喧嘩をする。
日本人は、歌を歌う」

## 中今

中今とは、時間の永遠の流れのうちに中心として存在する今。
単なる時間的な現在ではなく、神代を継承している今、という意味です。
現天皇陛下を「令和天皇」とはお呼びせず、「今上陛下」と申し上げるのも、
この「中今」の思想からきています。

頭の中で想像しながら考えて下さい。
上に逆三角形、下に三角形があります。

上と下の三角形を結ぶ接点を「自分」とし、上の逆三角形が「先祖」、下の三角形が「子孫」と考えます。

その接点が「中今」であり、先祖の遺伝子を受け継いだ自分であり、自分の遺伝子を受け継ぐ子孫の頂点に立つ存在であります。

それを武士の裃（かみしも）に例えると、「自分」の位置は、袴の帯の結び目となります。

永遠の過去から永遠の今に立つのが「自分」である、とする教えです。

自分の先祖を三十一代前まで遡ると、二十一億四千七百四十六万三千六百四十八人になります。

誰しも祖先と祖先は、きっとどこかで重なっているので、「人類皆兄弟」ですね。

古歌に、

「神代とは　古りし昔のことならず　今を神代と　知るひとぞ神」

とあるように、神代と繋がっていると考えるのが日本的であり、延いては、ご先祖の慰霊、親孝行に繋がっていると思います。

## 竹寺にて

二十年以上前、埼玉県飯能市の「竹寺」にて、父・將人が、神主でありながら「般若心経」の講演説法をしたのを思い出しました。

仏教の彼岸とは、仏を彼(か)の岸「あの世」から、此(こ)の岸「この世」に向かう橋渡しに、般若心経（橋）というお経のお橋を通じて渡らせて、「あの世」と「この世」を結ぶんだと申しておりました。

また、「観自在菩薩……」を自在鉤になぞらえ、「不動があっての自由」であると説明したと聞き及んでおります。

実際に、お彼岸には、「あの世」と「この世」が一番近くなるといわれています。また、「彼岸(ひがん)」を「日願(ひがん)」ともいい、神道の太陽信仰から、お彼岸は太陽と密接に結びついた行事の一つでもあるといえます。

お彼岸には、ご先祖様の好物をお供えし、家族揃ってご先祖様に感謝いたしましょう。

## 武士道の極意

「武士道の極意」を説明する講談の話です。

宮本武蔵が熊本藩主細川忠利から、

「武士道の極意とは何か？」とたずねられたとき、

「岩尾の身というものです」と答えました。

忠利が、

「どういうことか？」と重ねてたずねると、武蔵は自分の弟子だった寺尾求馬助（くめのすけ）を御前に呼び出しました。そして、

「その方に只今切腹の命令が下った。腹を切れ」と伝えました。

周りの家臣達は驚きましたが、寺尾は顔色一つ変えず、

「はっ」と平伏すると、理由も聞かず、静かに着物をはだけて脇差を抜き、腹に突き立てようとしました。

そこで武蔵が、

「待て」と止め、忠利に向かって、

「今腹を切れと命じられて、この者が動じることなく、いさぎよく切腹しようとした心の状態が岩尾の身でござる」と言いました。

岩尾の身とは、岩石のように揺るぎ無い覚悟のことです。

寺尾には結婚したばかりの新妻がいました。

それでも、寺尾はためらうことなく腹を切ろうとしました。

これが真のサムライの姿です。

令和の我々が寺尾から学べることは、二つあります。

「不動心であること」

「信念を貫くこと」

寺尾は殿様の命令があれば、いつでも切腹すると決めていました。そして、その決意は決して揺らぐことのないものでした。

我々も、夢を実現させたいのなら、信念を貫かなければなりません。

何があろうと、初心を貫徹しなければなりません。

それが、成功の秘訣です。

## 夢

父は、色紙や日めくりカレンダーの朔日（さくじつ）（陰暦で、月の第一日）に「夢」と書いていました。

日めくりカレンダーの作成に当たり、百枚くらいの中から朔日の言葉を決める際、編集者も迷わず賛成し、「夢」に決まりました。

父の世代は戦中派と呼ばれ、国のためには命を捨てるのが当たり前だった戦争のせいで、「青春無き青春時代」だったと懐古していました。

そして、「人」の「夢」と書いて「儚（はかない）」と読みますが、だからこそ「夢」を持ち続けなければならないのだと言っていました。

父は、十八番の歌、『先ず一献』の三番「……男、常に夢を見る」の後にアドリブで、「夢あらば　人生あり　夢あれば　青春あり」と挿入することがありましたが、「夢」は特に父自身が感じ入った言葉の一つだったと思います。

自宅の廊下には、父が好きだったサミュエル・ウルマンの『青春の賦』が書かれた手拭が掲げてあります。

「若さとは　人生のある時期のことではなく　心のあり方のことだ
若くあるためには　強い意志と　優れた構想力と　激しい情熱が必要であり
小心さを圧倒する勇気と　冒険への希求がなければならない
人は歳月を重ねたから　老いるのではない
理想を失うときに老いるのである」

大東亜戦争終戦後、天皇とマッカーサー元帥が並んで写真を撮った部屋がありますが、その壁に掛けられていた詩が、この「青春の賦」の原文でありました。マッカーサーは、コーネル大学教授の友人よりこの詩を贈られ、「座右の銘」として執務室に飾っていたそうです。

この詩をある日本人が見つけ、日本語に翻訳しました。翻訳されたこの詩は、松下幸之助氏が雑誌に紹介したことで一躍注目を浴び、父もそれで知ったのだと思います。

また、ロバート・ケネディがエドワード・ケネディへの弔辞に、この詩の一節を引用したこともあります。

作詩者のサミュエル・ウルマンは、当時は全く無名でありましたが、これらのことがきっかけで、「青年賦」は徐々に有名になっていきました。

人は、歳月を重ねたから老いるのではないことに氣づき、常に「夢」を希求する生き方をしたいものです。

## 老婆からの相談

さて、父は、色々な方より人生相談をもちかけられることがありました。あるおばあさんが、嫁にいびられると相談にみえました。斯く斯く然々（しかじか）と話が一段落した頃、父がおもむろに、

「おばあさん、千円ありますか？」と質問しました。

「馬鹿にしないで下さい！」とおばあさんが答えると、

「じゃあ、銀行に行って、千円で通帳を作ってもらいなさい。そして、嫁が見ている前で、通帳を開いてフフっと笑いなさい。但し絶対に嫁に通帳の中味を見せないこと」と言っておばあさんを帰らせました。

半年後、連絡が来て、「指示通りにしてたところ、嫁が、『もしかして財産があるのか？』と勘違いしたようで、以前よりとても優しくなりましたが、欺（だま）しているようで気が引ける」と言ってきましたが、そのまま続けなさいと父は言ったそうです。

そして、「三年後、とうとうおばあさんは死んでしまったが、葬式後、きっ

と嫁さんは通帳を見つけて悔しがったことだろう」と言っていました。

父らしい、「嘘でも良いから親の采配で孝行させる」という一風変わった教えです。

皆さんはどう思われますか？

## 拇（おやゆび）の話

親指とは、拇と書く如く、母親の指です。

拇が他の指より節が少ないのは、母は子供達より背が低く、ずんぐりむっくりな体型で、昔は子供より学歴がないのが普通だったからです。

拇を外にしてグーの形をすると、他の四本の指と自由に接することができます。それは、母が子育てをしていることを表しています。

パーの形はそれぞれの子供達が自立した形です。

すると母は、脇に離れて一人寂しい存在になり、「兄弟は他人の始まり」という如く、子供同士の指の腹と腹は合いません。

しかし拇だけは、それぞれの腹と腹が合います。

例えば、拇以外の四本指だけでコップを持つのは難しいですが、拇とその他の指の二本では持つことができます。

そして、親が老いたら、拇を内にしてグーの形にして四本の指で拇を守り、親孝行しなさいということです。


父が講演でその話をしたところ、終了後、話に感心なさった老婆が近寄ってきて、「是非うちの息子等にも聞かせてやりたかった」と言われたことがあったそうです。


この話に父親が出てこないのは、寂しい限りです。

現代は、家庭に威厳ある父親の存在がないといわれていますが、あなたのご家庭ではいかがでしょう。

拇を例えに使った、父・將人独特の親子関係の教えです。

## 褌（ふんどし）の話

父・將人は、昭和一桁生まれでありながら明治の氣風を好み、「赤褌と着物姿」がトレードマークで、「驚いても間に合わない」「人生はシナリオのないドラマにして、時の流れはビックリ箱！　何が出るかわからない」といった言葉に表されるように、厳しい性格の中にもユーモア溢れる人柄でありました。
今回は、そのトレードマークの「褌」の話をします。

父は、「伊勢は津でもつ　津は伊勢でもつ　尾張名古屋は城でもつ　俺の褌紐でもつ」という都都逸（どどいつ）を歌っていました。
それまでは、白褌でしたが、還暦からは、知人の勧めで「赤褌」を好んで付けていました。白褌よりも赤褌の方がエネルギーが高く、赤いチャンチャンコの代わりだと考えていました。

父が褌にこだわったのは、少年時代に猿股を穿いていて、紐が解けず用足しに間に合わなかった経験からのようで、以来死ぬまで褌を好んでおりました。

日本古来の下着は、臍下三寸の「臍下丹田」に結び目があることが重要で、戦前までの日本人は、褌にしろ、腰巻にしろ、そこを自然に意識していたと拝します。

私も、神事のときや武道の稽古のときなどは、褌の方が通気性が良く、動きやすいと思います。

父は褌の効用として、

「怪我のとき、包帯替わりになる。繋げれば避難時のはしごになり、降参の白旗にもなり、最後の首吊りの面倒までみる道具にもなる」と、ユーモラスに話しておりました。

現代人には、逆に新鮮であり、再評価され始めていると聞きます。

本来、日本人にあった下着なのかもしれません。

最近では、女性用の褌もあると聞きます。

褌を身に着けるとその快適性がわかり、先人の知恵が体感できますので、是非お勧めいたします。

## 参考文献


己貴秘傳　山蔭基央著　霞ケ関書房

陰陽道秘鍵寶典　中山忠慶監修　山蔭基央著　山蔭神道本庁発行

日本の黎明　山蔭基央著　白馬出版

神道大辞典　臨川書店

日本の神様読み解き事典　田口謙二　柏書房

こよみ読み解き事典　岡田芳朗、阿久根末忠著　柏書店

人生山河ここにあり　佐々木將人著　マネジメント社

日本人よ母ごころに帰れ　佐々木將人著　ぱるす出版

悠々人生　佐々木將人著　ぱるす出版

日めくりカレンダー　何かあるそれが人生

日めくりカレンダー　喝！

三分間講話　花岡大学著　実業日本社

新三分間講話　花岡大学著　実業日本社

山蔭神道　月刊誌　己貴
プロのための家相マニュアル　佐藤秀海著　エクスナレッジ
一九会八十年史　一九会道場発行

藤井立秀氏撮影


**佐々木 望鳳馨（ささき のぶよし）**

埼玉県ふじみ野市在住。
高校より単身で、伊勢・皇學館に学び、皇學館大学卒業、
同大学院 神道学専攻修了。文学修士。
大学在学中は、元学長・歴史学者の田中卓先生の書生として青々塾で住み込みで学び、元学長の伴五十嗣郎先生に師事し、近世の国学を中心に研究。大学院卒業後は、靖國神社に神職として奉職。

その後、古神道山蔭神道 第七十九世管長 山蔭基央先生に師事。
現在、山蔭神道上福岡斎宮宮司。全国的にも稀な日本刀による剣祓い（山蔭流太刀の祓い）等を行う。

また、思想家であり武道家であった亡父佐々木將人より引き継いだ合氣道神明塾 塾長として、未来ある子供達に武道を通して日本の優れた精神性・正しい歴史・伝統文化を伝承している。

## 佐々木 將人（ささき まさんど）

山形県長井市成田に生まれる。

1950年（昭和25年）、警察予備隊に入隊。二年後退職し、その時の退職金で中央大学経済学部に入学、同大学院法学部に進む。

大学院修了後、防衛庁に入庁、事務官となり、1954年（昭和29年）、防衛庁で行われた合気道演武を見学した際、演武を行った師範に指名を受け投げられたのをきっかけに合気会本部道場に行き、そこで植芝盛平に出会い「顔に惚れ」て入門。

間もなく防衛庁を退職し、日本最初のスパイ養成学校を企図し「産業防衛学院」を設立するが、CIAにも危険視されるなど種々の圧力のため廃校に追い込まれる。 学院設立時の借金もあり山中へ逃亡、潜伏生活を送り、その間滝行などを行ったという。

この頃、哲人中村天風に出会い以後師事する。中村に勧められたことをきっかけに、合氣道修行に本格的に取り組み、合氣道開祖植芝盛平の付き人として約6年仕える。神社を訪れる際には、なぜか必ず佐々木が付き添ったという。

これと前後して自民党の当時幹事長であった大平正芳氏の依頼で、マブチモーターの労働争議に着物姿で単身乗り込み、労組側と直談判し解決したこともあった（その時の報酬百万円でスパイ学校の借金を完済した）。

その後は合氣道師範として活動。

中華民国（台湾）支援活動で山蔭神道管長山蔭基央氏と出会い交誼を結び、神道教授としてパリに数度派遣される。

1983年（昭和58年）、東京ディズニーランド開設にあたり、剣祓いの神官として修祓を行う。

合氣道開祖植芝盛平翁直伝の合氣道師範の一人として、各地で指導に当たる。

また「佐々木説法」と呼ばれる独自の日本文化論・人生論についての講演活動で全国を行脚した。

平成25年２月15日死去。享年84歳。

# 神武一道の精神

## 父祖、佐々木将人からの伝聞

佐々木望鳳馨

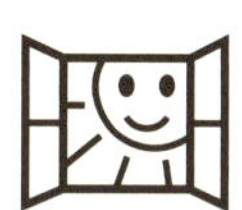

明窓出版

令和元年十二月十二日　初刷発行

発行者――麻生 真澄
発行所――明窓出版株式会社
〒一六四―〇〇一二
東京都中野区本町六―二七―一三
電話　（〇三）三三八〇―八三〇三
FAX（〇三）三三八〇―六四二四
振替　〇〇一六〇―一―一九二七六六

印刷所――中央精版印刷株式会社
落丁・乱丁はお取り替えいたします。
定価はカバーに表示してあります。


ISBN978-4-89634-408-0

## 誰も知らない開運絶対法則
### ～人の行く裏に道あり花の山～
中今悠天（白峰）・有野真麻 共著

「開運の絶対法則とは、地球全体の70％の海の海岸の砂浜から一粒の砂を探すようなものです。

されど、生命のリズムと等しく大自然の法則なり。

海の砂浜の意味がここにある。海はあらゆる生命の源なり。

開運絶対法則は、人生、人間のために、アリノママに働く法則なり。

境界線なくば魅力尽きず。魅力あれば境界線なし。

奥の細道、時の旅人松尾芭蕉ならぬ中今仙人との対話集です」

パート１
花も恥らう乙女と観音さま／太極拳の老師が教えた境界線のワナ／境界線を作り出してしまう最初のきっかけとは？／すべての悩みの原因は単なるエネルギー不足／福禄寿と体のつながり／ちょっぴりオタク的武道論／一瞬で極意をつかみ、天才となる秘密／超能力とは腸・脳・力／笑いの中に命の響きあり／人相とは心の窓なり／食は命なり／現代に不足している恭の教え／マーサ流　粋と恭についての考察／白峰先生とモモの共感能力／I am that I amは最強の言霊／情報とは情けに報いること／三倍思考も悦から／白峰先生の経営相談は、なんと経営指導一切なし！／人間の欲望を昇華させる大切さ／タイムスリップならぬタイムストリップとは?!／常識の非常識と非常識の常識（他、パート３まで）

本体価格　1429円